Frühstück mit Walen

Buch
Madeira – Insel des ewigen Frühlings, Perle im Atlantik, Wanderparadies, schönste Insel in Europa. Das portugiesische Urlaubsziel kann mit vielen Superlativen punkten.
Dass die Wirklichkeit noch schöner ist als die Versprechen erlebt Issi Fritsch in ihrem ersten Urlaub auf Madeira.
Sie erzählt von Wanderungen durch zauberhafte Wälder, an wilden Küsten, über spektakuläre Bergstrecken entlang der einzigartigen Levadas. Und davon, wie sie ihren Traum verwirklicht auf Madeira zu leben und wie aus einer anfänglichen Verliebtheit eine große Liebe wächst – für die herzlichen Menschen, die grandiose Landschaft und die überwältigenden Naturschönheiten.
Und wie sie lernt, den Missständen des Alltags mit Humor zu begegnen.
Eine Liebeserklärung an Madeira.
Ein Buch für Wanderer und Auswanderer.

Autorin
Issi Fritsch, geboren in München, lebt abwechselnd in der Nähe von Hamburg und auf Madeira.
Sie schreibt seit 2009 Blogs, die unter folgenden Titeln zu finden sind:
paradiesgoesmadeira.blogspot.com
meinorient.blogspot.com
paradiesischemomente.blogspot.com

ISSI FRITSCH

Frühstück mit Walen

Erlebnisse auf Madeira

Bibliografische Information der Deutschen Nationalbibliothek:
Die Deutsche Nationalbibliothek verzeichnet diese Publikation in der
Deutschen Nationalbibliografie; detaillierte bibliografische Daten sind
im Internet über http://dnb.dnb.de abrufbar.

© 2016 Issi Fritsch

Umschlaggestaltung: Piet Hamann

Herstellung und Verlag: BoD – Books on Demand, Norderstedt

ISBN: 978-3-7431-3056-2

Der Süden hat wenig mit Längen- und Breitengraden zu tun. Er ist nur mit Licht- und Wärmegraden der Seele zu messen. Seine Dimensionen haben einen einzigen Maßstab: den der Begierde nach dem Hellen und nach dem Weiten.

(Iso Camartin)

Das Paradies – *o paraíso*

Das Paradies, es muss im Süden sein, dort, wo die Sonne scheint, die Bäume in den Himmel wachsen, die Blumen immer blühen, die Menschen offen und freundlich sind, wo das Meer blau, die Wälder grün, die Berge majestätisch und die Bäche frisch sind.

»Und warum Madeira?« war die meistgehörte Frage, als wir unsere Pläne für ein anderes Leben erzählten.

Lange Zeit antwortete ich mit »Zufall« oder »Aneinanderreihung glücklicher Umstände«. Heute weiß ich es besser. Ich hätte das Paradies nirgendwo anders finden können.

Ich liebe Blumen und Bäume. Ich liebe Gärten. Damit lockt Madeira vordergründig. Ich liebe das Meer. Das ist auf einer kleinen Insel unübersehbar. Und ich habe eine alte Liebe wiedergefunden, die Berge. Und das Wandern.

Wo sollte ich denn sonst sein wollen, wenn nicht im Paradies.

Auf Madeira!

Willkommen – *bem vindo*

Keine Lust mehr auf Winter.

»Wir sollten vielleicht mal auf die Kanaren fliegen. Wie wäre es mit La Palma zum Wandern?«

Es ist Anfang Januar, und die Aussicht noch drei Monate zu frieren und in einen grauen Himmel zu schauen deprimiert mich zunehmend. Ich suche im Internet nach Ferienhäusern auf einer der drei kleinen kanarischen Inseln. Aber entweder sind wir zu spät dran oder unsere Reisekasse ist zu schmal bemessen, jedenfalls finde ich nach tagelanger Suche nichts, was mich wirklich überzeugt. Beim Gespräch mit Freunden bekomme ich noch einen wichtigen Tipp:

»Nehmt auf jeden Fall ein Häuschen im Küstenbereich, denn wir haben in unserem letzten Urlaub viele Tage in den Wolken gesessen. Die Häuser haben oft keine Heizung, manchmal nicht mal einen Ofen. Die Bettdecken sind dünn, das Bett ist feucht. Ich glaube, ich habe noch nie so gefroren wie auf La Palma im Februar,« sagt die Freundin, die gerne mal Winterurlaub in Schwedisch-Lappland bei minus 40 Grad macht. Wir werden uns wohl ein anderes Reiseziel suchen.

Ich blättere in meiner Gartenzeitung und entdecke ganz zufällig ein Angebot für eine Bio-Ferienwohnung auf Madeira. Madeira – wo liegt das eigentlich?

»Ist das nicht die Insel, wo deine Eltern mal Urlaub gemacht haben?« fragt mein Mann.

»Stimmt. Aber das ist ja schon ewig her. Ich kann mich aber erinnern, dass sie sehr begeistert waren. Soll sehr ursprünglich und wild sein. Meinen Vater hatten die meterhohen Weihnachtssterne, die am Straßenrand wuchsen, fasziniert.«

»Aber ist das nicht so eine Rentnerinsel? Für Reisegruppen siebzig plus?«

»Keine Ahnung. Ich werde mal ein wenig recherchieren.«

Reiseveranstalter und Internetseiten werben mit »Insel des ewigen Frühlings.« Und die Klimatabelle ist vielversprechend:

ca. 18 Grad im Februar und etwa sieben Regentage. Wir wollen zwei Wochen bleiben, nicht baden, sondern wandern und Sonne tanken – die Insel könnte unsere Bedürfnisse befriedigen. Also schreibe ich eine Mail an den Vermieter der Ferienwohnung aus der Annonce und bekomme sofort danach einen Anruf von ihm.

Wir unterhalten uns als würden wir uns schon ewig kennen. Gerhard heißt er und lebt schon seit Jahren mit seiner Frau auf Madeira. Er schildert die Insel, das Klima, die Natur, die wilde Schönheit der Berge und des Meeres so beeindruckend, dass ich am liebsten sofort in den Flieger steigen würde, um dorthin zu gelangen.

Wir stimmen unsere Reisedaten mit seinem Belegungsplan ab und – es passt! Die Ferienwohnung sieht auf den Fotos im Netz sehr einladend aus, es gibt einen Ofen, die Bewertungen anderer Gäste sind durchgehend positiv, der Preis ist akzeptabel. Also wird gebucht. Einen Mietwagen kann er uns auch besorgen, über eine einheimische kleine Autovermietung mit Hol- und Bringservice vom und zum Flughafen. Nun müssen wir nur noch den passenden Flug dazu finden. Das klappt nicht so termingenau, doch wir machen aus der Not eine Tugend und gönnen uns vier Tage mehr Ferien. Die ersten Urlaubstage wollen wir in einem Hotel in der Hauptstadt Funchal verbringen, bevor wir die Wohnung in Calheta an der Südwestküste beziehen werden. Ein Strandhotel am westlichen Stadtrand von Funchal fällt uns durch ein extrem günstiges Angebot auf. Wir riskieren es, ein Doppelzimmer für weniger als 30 Euro zu buchen. Wenn wir mit der Unterkunft Pech haben, dann müssen wir es ja nur für vier Tage aushalten. Danach ziehen wir um. Also freuen wir uns ab sofort durch den eisgrauen, norddeutschen Januar auf unsere erste Reise nach Madeira.

In der Buchhandlung unserer Kleinstadt gibt es einen einzigen Reiseführer »Madeira«, dazu kaufe ich noch ein Reisewörterbuch Portugiesisch. Am 29. Januar starten wir bei Nebel und Null Grad pünktlich in Hamburg Richtung Atlantik. Nach drei Stunden Flugzeit erfahren wir, dass wir noch eine Zwischenlandung auf der Kanareninsel La Palma vor uns haben. Das Wetter ist hier nicht viel besser als in Hamburg. Starker Wind peitscht den Regen gegen die kleinen Bullaugen des Fliegers. Wir können beim Landeanflug nichts erkennen, werden heftigst durchgerüttelt und zu allem Überfluss startet die Maschine nach Bodenkontakt noch mal durch, dreht eine Schleife und knallt beim zweiten Landeanflug mit einem ziemlichen Rums auf die Piste.

Etwa ein Drittel der Passagiere ist am Urlaubsziel und darf hier das Flugzeug verlassen. Wir bleiben sitzen und warten auf die zusteigenden Urlauber, die auf ihrer Heimreise eine Landung auf Madeira mitmachen müssen. Es ist also quasi ein Rundflug Hamburg – La Palma – Madeira – Hamburg, vermutlich um in dieser Jahreszeit die Maschine rentabel fliegen zu lassen. Als wir zwei Stunden später Madeira anfliegen, können wir gerade noch die abziehende Sturm- und Regenfront sehen. Der Flieger setzt vergleichsweise sanft auf, obwohl mir beim Landeanflug schon ein paar Zweifel gekommen waren, ob der Pilot die kurze Piste, die zwischen Bergen und Meer eingeklemmt daliegt, wirklich treffen wird. Erst sehr viel später werden wir erfahren, dass der Flughafen von Madeira einer der zehn gefährlichsten der Welt ist. Dass es häufiger vorkommt, dass die Flugzeuge nicht landen können und entweder zurück nach Lissabon fliegen oder eine Ausweichlandung auf der flachen Nachbarinsel Porto Santo machen müssen. Dass nur Piloten mit Spezialausbildung hier landen dürfen. Dass aber nach Verlängerung der Start- und Landebahn vor etlichen Jahren bislang alle Flieger wohlbehalten herunterkamen.

Es ist inzwischen 4 Uhr nachmittags, eine milde Brise streift uns beim Öffnen der Flugzeugtüren und wir sehen bereits ein paar Sonnenflecken auf dem Meer tanzen. Es sind nur ein paar Schritte vom Flugzeug bis zum Flughafengebäude. Ich liebe diese kleinen Flugplätze, wo alles so unaufgeregt abläuft. *Bem vindo na Madeira* ist überall im Gebäude zu lesen. Willkommen auf Madeira! Es ist das einzige was wir verstehen, denn die Durchsagen auf Portugiesisch klingen sehr fremd in unseren Ohren. Trotzdem finden wir schnell heraus, welcher Bus uns in die Stadt bringen wird, denn wir bekommen unsere Auskunft in perfektem Englisch.

Während wir auf die Abfahrt warten, fühle ich bereits, wie gut mir diese sanfte Luft tut. Als legte mir jemand einen federleichten Seidenmantel um. Von dieser Flucht aus dem norddeutschen Winter erhoffte ich mir ja auch ein wenig Linderung meiner kältebedingten, rheumatischen Beschwerden. Kann es sein, dass ich das schon spüre?

Die Busfahrt vom Flughafen nach Funchal über die Regionalstraße bringt allerdings wieder Ernüchterung. Es geht rauf und runter in engen Kurven, der Fahrer zuckelt, meinem Mann wird leicht übel und ich spüre meine Knochen und anhängenden Muskeln und Sehnen wieder alle einzeln. Wir sind uns einig, dass wir gut daran getan hätten, den Leihwagen gleich vom ersten Tag an zu mieten. Ab Endstation des Flughafenbusses bringt uns eine Taxe die letzten Kilometer zum Hotel. Es liegt ein wenig außerhalb der Touristikmeile, direkt am Meer.

Endlich angekommen, verfliegt die Missstimmung sofort. Das Gebäude schmiegt sich zwischen steiler Felswand und Meer an einen schmalen Küstenstreifen. Und wir wohnen auf der minus zehnten Etage, das heißt, die Empfangslobby ist auf Straßenniveau, dann fährt man mit dem Fahrstuhl nach unten zu den Zimmern. Uns erwartet ein riesengroßes, modern eingerichtetes Appartement mit Panoramascheiben zum Meer, Balkon, bequemem breitem Bett und geräumigem Bad.

Um noch die letzten Sonnenstrahlen am Strand einzufangen, wandern wir durch den Hotelgarten in Serpentinen nach unten zum Meer. Kaskaden von Bougainvilleas, Palmen unterschiedlichster Art, Schwanenhalsagaven, rot blühende Fackelaloen und jede Menge Sukkulenten begleiten uns. Wir sind begeistert. Schon hier ist die Wirklichkeit schöner, als es die Vorstellung war.

Der nächste Tag beginnt mit blauem Himmel und strahlendem Sonnenschein. Wir stehen auf unserem Balkon, schauen den Anglern zu, die auf den Felsnasen am Strand auf einen guten Fang hoffen, hören Vogelstimmen und das leise Rauschen der immerwährenden Brandung und ich lass mich mehrmals kneifen, um zu begreifen, dass dies kein Traum ist. Es ist Januar auf Madeira!

Der große Swimmingpool ist einladend, aber leider nicht beheizt. Einige wenige baden im Meer. Mir sind aber auch 18 Grad Wassertemperatur nicht warm genug. Also ist Sonnenbaden angesagt, T-Shirt und hoch gekrempelte Hose sind fast zu warm. Wir genießen es und rühren uns den ganzen Tag kaum vom Fleck.

Am Abend machen wir erste Bekanntschaft mit der einheimischen Küche, denn das Hotelbuffet ist so langweilig, wie fast überall auf der Welt. Ein Restaurant mit dem Namen *Só Espeto* lockt uns. Der Saal ist nicht gerade das, was man heimelig nennt, doch es duftet gut nach Gegrilltem und wir suchen uns einen der knapp sechzig freien Tische aus. Mit noch zwei weiteren Gästen genießen wir also die volle Aufmerksamkeit des Personals.

Vor unserer Bestellung möchten wir gerne noch erfahren, weshalb der Tisch und die Tischdecke mittig ein Loch aufweisen. Der junge, freundliche Kellner erklärt uns in einem nett akzentuierten Schweizerdeutsch, dass wir uns in einem Spezialitätenrestaurant für *espetadas* befinden und eben diese an einem »Galgen«, der in die Tischmitte gesteckt wird, serviert werden.

»*Espetadas* sind Fleischspieße der traditionellen madeirensischen Küche. Wir verwenden das Fleisch von einheimischen Rindern. Die Fleischstücke werden nur mit Salz und Lorbeerblättern gewürzt und über dem offenen Feuer gegrillt. Da hinten ist unser großer Ofen, sehen Sie?«

Anstatt zu bestellen, möchten wir erst mal erfahren, wo unser junger Mann so gut deutsch gelernt hat.

»Ich habe fünf Jahre in der Schweiz gearbeitet.«

»Auch als Kellner?«

»Angefangen habe ich als Küchenhelfer, aber nach dem Sprachkurs konnte ich direkt im Service arbeiten.«

»Und sie wollten nicht in der Schweiz bleiben?«

»Ich hatte nur eine begrenzte Aufenthaltserlaubnis, die nicht verlängert wurde. Außerdem wurden auf Madeira Arbeitskräfte in der Gastronomie gesucht. Nach der Einführung des Euro ging

es in ganz Portugal wirtschaftlich aufwärts und da bin ich zurückgekommen. Hier ist es ja auch nicht so kalt im Winter.«
»Ja, deshalb sind wir auch hier – zum ersten Mal.«
Nun sind wir aber hungrig. Wir ordern die Spezialität des Hauses samt Wasser und Wein.

Gerade noch rechtzeitig, denn während unsere Fleischspieße aufs offene Feuer gelegt werden, betritt eine große Gruppe von Portugiesen das Lokal. Mindestens dreißig Leute schieben Tische zusammen. Dazu wuselt noch eine ganze Schar Kinder herum und einige ältere Herrschaften warten geduldig, bis Ihnen ein Stuhl untergeschoben wird. Laut und fröhlich geht es zu, und die Neon beleuchtete Ausstattung des Restaurants erscheint uns jetzt gar nicht mehr so nüchtern wie vorhin.

Dann werden uns zwei knapp ein Meter lange Spieße an unseren Tischgalgen gehängt. Die Fleischstücke müssen wir eins nach dem anderen nach unten in den Abtropfteller ziehen. Gar nicht so einfach! Unser kleiner »Schweizer« zeigt uns den Trick mit zwei Gabeln und wünscht uns einen »*bom apetite*«. Als Beilage gibt es *milho frito*, gebratene Maiswürfel und gemischtes Gemüse – ganz schlicht in Salzwasser gedünstet. Das Fleisch schmeckt phantastisch – zart und würzig. An die etwas faden Beilagen werden wir uns wohl gewöhnen müssen.

Die nächsten Urlaubstage lassen wir vom Madeirareiseführer bestimmen: Sightseeing Funchal! Der Bus der *linha verde* bringt uns ins Stadtzentrum. Für eine Hauptstadt mit 140.000 Einwohnern geht es recht beschaulich zu. Wir schlendern am Hafen entlang, besuchen die wunderschöne Markthalle mit ihrem üppigen Angebot an exotischem Obst und Gemüse, Blumen und fangfrischem Fisch, entdecken die Altstadt, spazieren durch Parks und Gärten, fahren Seilbahn und Korbschlitten. Drei Tage volles Touri-Programm! Dann beginnt unser Urlaub erst richtig.

Wir werden von Senhor Filipe, unserem Mietwagenverleiher, vom Hotel abgeholt und verlassen Funchal. Es geht auf der Autobahn und weiter auf der Schnellstraße Richtung Westen nach

Calheta. Unzählige Tunnel unterbrechen immer wieder die spannenden Eindrücke, die uns auf dieser Fahrt begegnen. Filipe erzählt uns von den Unwettern und Erdrutschen der vergangenen Woche, und tatsächlich müssen wir über eine Umleitung einem verschütteten Straßenstück an der Küste ausweichen.

»Kommt es häufiger vor, dass es Erdrutsche gibt?« fragen wir ihn auf der langen Fahrt über den Berg.

»Nun ja, im Winter regnet es in manchen Jahren weniger, in manchen mehr. Dann passiert schon mal was,« weicht er aus.

Vielleicht möchte er uns Urlaubern keine Angst machen, vielleicht möchte er auch lieber über seine Lieblingsthemen reden: *Poncha* und Autos. Bevor wir wissen, was *a poncha* eigentlich ist, sind wir über die einschlägigen *Poncha*-Bars der Insel bestens informiert. Die Leidenschaft für alkoholische Getränke und Autos scheint uns allerdings nicht so recht zusammen zu passen, schon gar nicht auf diesen engen Straßen, neben denen sich tiefe Abgründe auftun. Wir sind froh, dass wir die Fahrt an einem Vormittag unternehmen, in der Hoffnung, dass *Poncha* nicht bereits zum Frühstück getrunken wird.

Sicher bei unserer Ferienwohnung angekommen, dürfen wir unser kleines Mietauto gegen Entgelt in bar und im voraus in Empfang nehmen. Die Vollkaskoversicherung ohne Selbstbeteiligung wird uns mündlich zugesichert. Na ja, andere Länder, andere Sitten!

Unser Vermieter hat uns bereits erwartet und nimmt uns sofort in Beschlag. Wir lassen es uns gerne gefallen, wir haben ja Urlaub und Insider Infos sind immer mehr wert als ein Reiseführer. Er begleitet uns auf dem Weg zum Supermarkt von Calheta, wir kaufen unsere ersten Basics und lassen uns danach den kleinen Hafen mit der Marina zeigen. Die ist zur Hälfte gesperrt: was ist hier passiert? Es sieht nach Steinschlag aus. Gerhard war seit dem Unwetter vor 10 Tagen nicht mehr hier und weiß demnach auch nicht mehr, als wir sehen können.

In der Snackbar eines Holländers lassen wir uns nieder und fragen nach.

»Ja, ja, wir dachten der ganze Berg kommt herunter. Sie können oben an der Straße sehen, was die Felsbrocken angerichtet haben. Ich hatte Glück! Mein Laden hat nix abgekriegt, aber die anderen hier, die können wahrscheinlich dicht machen. Denn bis das alles in Ordnung gebracht worden ist, das wird dauern!«

Nach einer kleinen Mahlzeit schauen wir uns die Schäden genauer an.

Mein Gott, hier lebt man ja echt gefährlich!

Die palmengesäumte Marina klebt eng zwischen senkrecht aufragender Felswand und Meer: eine schmale Straße, der lang gezogene Gebäudekomplex mit zwei Etagen und eine Promenade am Yachthafen entlang, sind vor wenigen Jahren hier entstanden, um den Tourismus in der Region zu stärken. Nun sieht es aus wie in einem Kriegsgebiet. Nur auf der schmalen Straße sind Steine und Geröll beseitigt. Die geköpften Palmen liegen noch auf den Terrassen, zwei Dächer sind von Felsbrocken durchschlagen, überall liegen Scherben von zerborstenen Fensterscheiben, die Edelstahlgeländer sind verbogen und notdürftig durch rot-weiße Flatterbänder ersetzt.

»Passiert so etwas öfter?« frage ich ziemlich erschüttert.

Gerhard antwortet zögerlich: »Na ja, es kommt im Winter schon manchmal zu Erdrutschen, aber hier habe ich es so schlimm noch nicht gesehen.«

Auch er will uns Urlaubern wohl keine Angst machen. Doch es muss schon wirklich viel geregnet haben in den letzten Wochen. Das verdeutlichen uns unsere Entdeckungen der nächsten Tage, als wir beginnen die Insel zu erkunden, mit dem Auto und zu Fuß.

Rundwanderung:
Levada Nova – Caminho Real do Paúl do Mar

Unsere erste Wanderung wollen wir in der nahen Umgebung machen. Levadawandern – dafür ist Madeira berühmt, lesen wir im Reiseführer. *Levadas,* das sind von Menschen geschaffene Wasserkanäle um das Nass ferner Quellen in die trockenen Regionen zu leiten. Auf der Insel erstreckt sich ein Wassernetz über fast dreitausend Kilometer und an etlichen dieser *Levadas* sind ausgewiesene Wanderrouten. Wir beginnen unsere erste Tour also im nahe gelegenen Prazeres, an dessen Dorfrand die *Levada Nova* vorbei führt. Unser Ausgangspunkt liegt in 580 Meter Höhe und wir gehen in westlicher Richtung mit dem Lauf des Wassers. Sehr beschaulich windet sich der Kanal durch die Felder, und wir beobachten wie die Bewässerung funktioniert: In kurzen Abständen gibt es Metallschieber, die beim Hochziehen Wasser in eine kleine Rinne, manchmal betoniert, meist nur als Erdvertiefung, bergab entlassen. In einer dieser Rinnen steht ein alter Mann in Gummistiefeln und lenkt das Wasser in sein Feld, das ebenfalls leicht abschüssig und mit tiefen Furchen angelegt ist. Um das Wasser aus der Rinne in die Feldfurchen zu leiten, gebraucht er ein dickes Knäuel aus alten Pullovern und einen großen Stein.

Wir schauen ganz ehrfürchtig zu, wie sich Furche um Furche mit Wasser füllt, während der Alte sich bereits um das nächste Feld kümmert. Kartoffeln wachsen hier, Zwiebeln dort. Außer dem schmalen Pfad an der Levada entlang führt kein Weg hierher.

»Das bedeutet, dass nach der Ernte alles geschleppt werden muss. Kilometerweit!« sinniere ich.

Wir grüßen mit einem freundlichen »*bom dia*« und der Alte erwidert den Gruß ebenso freundlich mit etwas Unverständlichem, das sich wie »Tach« anhört.

»Wir werden uns heute Abend doch mal die wichtigsten Wörter im Sprachführer ansehen. Hier draußen auf dem Land kommen wir mit Englisch wohl nicht so weit,« schlage ich vor.

Im nächsten Dorf, Maloeira, verlassen wir die Levada und suchen den beschriebenen Weg zur Küste hinunter. Fragen können wir niemanden, denn die ganze Gegend wirkt sehr verlassen. Wir irren erstmal über blühende Wiesen, immer wieder vor einem Abgrund stehend, bis wir endlich eine gelb-rote Markierung an einem Fels entdecken. Der Pfad ist schwer zu erkennen, führt steil bergab und ich rutsche mehr auf dem Hosenboden, als dass ich absteige.

Unter uns rauscht ein Bach. Laut Wanderkarte soll es eine Furt zur Überquerung geben, doch als wir am Ufer angekommen sind, wird uns klar, dass das wahrscheinlich die Sommerversion ist. Nach den starken Regenfällen der letzten Wochen führt der Bach soviel Wasser, dass kein Grund zu sehen und damit keine Furt vorhanden ist.

»Also, was machen wir?« fragt mein Mann.

»Ich steige auf gar keinen Fall den Berg wieder hoch. Irgendwie kommen wir da schon rüber.«

Der Bach kommt mit Getöse zwischen den Felsen hervor, wirbelt in der Senke, an deren Rand wir stehen, wild und ungestüm. Wir erkunden das Ufer ein Stück abwärts, wo sich viel Holz vor dem nächsten Felsdurchbruch gestaut hat.

»Das ist die einzige Möglichkeit, wo wir ihn überqueren können.«

»Du willst doch nicht im Ernst auf einem dieser glitschigen Stämme über den Wildbach balancieren?« mir ist schon klar, dass die Frage rein rhetorisch ist, denn es gibt wirklich keine andere Stelle, die passierbar scheint. Er prüft einen geeigneten Stamm, ob er fest sitzt, indem er noch am Ufer kräftig darauf wippt, dann – fünf, sechs, sieben beherzte Schritte – und er ist drüben.

Ich sehe ihn sicher am anderen Ufer, ich schaue auf das wilde Wasser zwischen uns – und mir kommen Zweifel an meinem Mut.

»Das schaff' ich nicht!«

»Soll ich zurückkommen?«

»Neiiiiiin!«

So ist mein Mann. Lieber begibt er sich zweimal in Gefahr, bevor er mir eine zumutet.

»Ich muss mir nur eine andere Stelle suchen. Ich kann nicht balancieren ohne mich irgendwo festzuhalten.«

Wenige Meter neben dem dicken Stamm, den er für die Überquerung genutzt hat, liegt noch ein dünner quer über dem Bach. Der taucht zwar an einigen Stellen ins reißende Wasser, dafür gibt es aber eine Menge Gestrüpp in Schulterhöhe zum Festhalten. Ich bereite mich vor, das hilft gegen die Angst: Reißverschluss der Jacke schließen, Schulter-, Brust- und Bauchriemen des Fotorucksacks festzurren. Damit ich nirgends hängen bleibe. Dann los! Um meine »Brücke« zu erreichen, muss ich noch anderthalb Meter über eine »Insel« aus Stöckchen, Schilf und Gras, die bedenklich unter meinen Schritten schwankt. Dann ein Griff ins Gestrüpp und langsam Seitschritt für Seitschritt übers tosende Wasser. Genau in der Mitte kommt mir ein unpassender Gedanke: ›Das mache ich doch jetzt nicht wirklich? Solche Aktionen gucke ich mir doch sonst nur im Film an.‹ Es wird ein Film mit HappyEnd. Mit zitternden Beinen lasse ich mich am anderen Ufer ins Gras fallen. Fotos gibt es von diesem Urlaubsabenteuer nur ohne die Action-Helden. Allerdings ist noch nicht alles ausgestanden. Wir sind ja nicht durch die eigentliche Furt über den Bach gekommen und somit erwartet uns nun kein anständiger Weg, sondern eine dichte Brombeerhecke. Und das gibt reichliche Blessuren an Beinen und Händen, als wir uns durch das Dornengestrüpp die Böschung hochangeln.

Der weitere Weg führt durch einen Felsdurchbruch und – wir haben uns gerade mal so von unserem Erlebnis erholt – da sehen wir, was aus dem Bach geworden ist, nachdem er sich hinter unseren »Brücken« durch den Fels gezwängt hat: Ein kolossaler Wasserfall, der sich vierzig Meter in die Tiefe stürzt. Fein, dass unsere Holzstämme gehalten haben! Wir bringen unsere erste Wanderung auf einem steilen, aber sicheren Pfad, der zum Hotel *Jardim Atlántico* in Prazeres führt, unspektakulär zu Ende. Und haben anschließend richtig was zu erzählen!

Der nächste Tag beschert uns einen wolkenlosen Himmel und freien Blick in die Berge – zum ersten Mal seit unserer Ankunft. Klar, dass wir eine Tour oben, auf der Hochebene *Paúl da Serra,* in Angriff nehmen. Mit unserem etwas untermotorisierten Kleinwagen schaffen wir die Steigung der ziemlich ruppigen Straße gerade mal im ersten Gang. Von Meereshöhe bis auf 1300 Meter wird das Autochen gezwungen, und wir werden ziemlich durchgerüttelt. Trotzdem ist es eine faszinierende Fahrt. In kürzester Zeit durchqueren wir nicht nur drei Klimazonen, sondern auch mehrere Vegetationsgürtel. Unser Start in den üppigen Subtropen führt uns geradewegs in einen exotischen Wald aus Eukalyptus und Akazien. Am Straßenrand wachsen Hortensien und Schmucklilien, die sogar jetzt im Winter vereinzelt blühen. Dann urplötzlich, der freie Blick über sanfte grüne Berghänge mit Stechginsterbüschen, die hier und da gelb aufleuchten. Und auf der Hochebene angekommen – fast nichts mehr. Willkommen im schottischen Hochmoor! Passend dazu fliegen uns Wolkenfetzen entgegen, die uns einhüllen um sich wenige Minuten später bereits wieder aufgelöst zu haben. Wir stellen unser kleines Auto zu seiner Erholung ab, ziehen uns Wanderstiefel an und steuern das ausgeschilderte Forsthaus *Rabaçal* an. Hier beginnen gleich mehrere Levada-Wanderrouten.

Levadawanderung:
Levada do Risco

Die Wolkendecke hat sich wieder verdichtet, es könnte bald regnen, auf jeden Fall ist es ziemlich feucht in der Luft. Also entscheiden wir uns nur für eine kurze Wanderung zu den Risco-Wasserfällen und tauchen ein in einen Märchenwald. Auf Schritt und Tritt erwarten wir auf Elfen, Feen und Waldkobolde zu stoßen. Die verdrehten Stämme der Baumheide formen ein Dach über unserem Weg und der Levada. Flechten und Moose zaubern eine Symphonie aus Grüntönen, mannshohe Farne brechen aus dem Gestein heraus und es glückst und gurgelt und tropft und fließt das Wasser unter, neben und über uns. Der Weg an der Levada entlang ist breit, wir können während des Laufens auch die Augen wandern lassen. An der Aussichtsplattform bei den gewaltigen Wasserfällen empfängt uns eine Schar von handzahmen Madeira-Finken, die offensichtlich ein paar Brotkrumen erwarten. Doch dieser Platz ist eindeutig zu feucht, um eine Picknickpause einzulegen. Der weitere Verlauf der Levada ist für Wanderer gesperrt, weil einige Passagen abgerutscht sind. Gefährlich hatten wir gestern schon, also machen wir kehrt.

Zurück beim Forsthaus kommen die Finken zu ihrer Mahlzeit. Wir sitzen auf knorrigen Bänken, packen unsere Brote aus, holen uns Wasser aus der Quelle – und wären da nicht noch zwei Wanderer in funktioneller Outdoorbekleidung, könnten wir meinen in eine frühere Zeit versetzt zu sein. Außer Vogelgezwitscher dringt kein anderer Laut in das verwunschene Tal. So weit der Blick reicht, nur bewaldete Hänge und Schluchten – keine menschliche Behausung weit und breit. Auch das Forsthaus steht verlassen da, nur ein freundlicher Hund lasst einen Besitzer in dieser verlassenen Inselwelt vermuten.

Wir wandern auf der Forststraße zum Auto zurück, noch immer im dauerfeuchten Wolkenniesel. Dann geht es wieder motorisiert über den *Campo Grande*, durch eine Landschaft, wie nicht von dieser Welt. Frei umherstromernde Kühe und das plötzliche Auftauchen von Windrädern beweisen uns das Gegenteil. Und schon weitet sich der Himmel zu einem makellosen Blau, als wir die Hochebene Richtung *Encumeada*-Pass hinter uns lassen. Die Ausblicke sind atemberaubend. Vor uns tut sich ein wildes, grünes Tal auf. Zu beiden Seiten schroffe Hänge, tief unten ein Fluss, der sich zum Meer windet.

Wüssten wir nicht, dass der Film *Herr der Ringe* in Neuseeland gedreht wurde, wir hätten den Drehort hier vermutet.

Bis zum Pass führt eine raue Piste, die von zahlreichen Steinschlägen zeugt und durch mehrere grob behauene Tunnel führt. Die niedrigen Steinmäuerchen zur Befestigung der Böschung sind oft ausgesetzt und mein Beifahrerblick geht mehrere hundert Meter in die Tiefe.

Der dritte Tag führt uns weiter in den Westen. Am äußersten Punkt markiert ein Grenzstein beim Leuchtturm von Ponta do Pargo: ab hier gibt's nur noch Wasser bis Nordamerika.

Für die zwanzig Kilometer weite Fahrt von Calheta bis Ponta do Pargo brauchen wir eine knappe Stunde auf einem Sträßchen, das sich oberhalb der Steilküste von einem einsamen Dorf zum nächsten windet. Links der Straße kleine Felder und Wiesen, rechts davon eine durch Flächenbrände ausgedünnte Landschaft. Kaum Verkehr, überwiegend ärmliche oder verlassene Häuser – Madeira hat viele Gesichter.

Wir schaffen es noch bis Achadas da Cruz, wo der *Teleférico*, eine einfache Seilbahn, die fruchtbaren Felder am Küstensaum mit der 500 Meter höher gelegenen Ortschaft verbindet. Schwindelerregend ist schon der Anblick der frei hängenden Gondel, die ohne weitere Seilstützen zwischen Küste und Klippe bewegt wird. Wir sind bei aufziehenden Wolken nicht mutig genug, die Fahrt zu wagen. Vielleicht beim nächsten Mal. Noch hat es keiner von uns beiden ausgesprochen, aber dass dies nicht unser einziger Urlaub auf Madeira bleiben wird, schwingt schon in unseren Gedanken mit. Zu faszinierend ist die Vielgestaltigkeit der Landschaft, der Pflanzenreichtum und die Möglichkeit Meer und Berge gleichzeitig zu erleben.

Der überwiegend graue Tag endet mit einem phänomenalen Sonnenuntergang und nun ist es endlich an der Zeit für unsere erste *Poncha*. Der traditionelle Cocktail aus Rum, Honig Zitronen- und Orangensaft wird in einem hohen Gefäß mit einem Holzquirl frisch zubereitet. Er schmeckt köstlich, aber er hat es in sich! Einer reicht!

Zwei Regentage zwingen uns zum Faulsein, Bücher lesen und zu einem Museumsbesuch. Völlig unerwartet für den kleinen Ort Calheta sitzt ein moderner Bau in Kubus-Architektur auf einem Felsen über der Bucht und verspricht eine hochkarätige Art-Deco-Ausstellung. Sie stammt aus der Sammlung des madeirensischen Mäzens Juan Berardo, der auch den Museumsbau gestiftet hat.

Wir streifen mehrere Stunden durch Säle und Galerien und sind von den Exponaten genauso beeindruckt wie von der Architektur selbst.

Wanderung:
Ponta de São Lourenço

Am Ende der Woche ist das schlechte Wetter abgezogen und wir planen eine einfache Wanderung auf *São Lourenço* an der Ostspitze. Über die *via rapida* und 39 Tunnel haben wir schnell das andere Ende der Insel erreicht. Satt grün liegt der schräge Zipfel Land vor uns. Schon nach wenigen Gehminuten haben wir spektakuläre Ausblicke sowohl entlang der Nord- als auch der Südküste. Die Sonne brennt – ja, auch im Februar, doch eine beständig leichte Brise Wind lässt uns die Wärme sehr genießen. Schon klar, dass es auf dieser Landzunge im Sommer nicht gut auszuhalten ist. Davon zeugt auch die spärliche Vegetation. Bei näherem Hinsehen kann ich allerdings höchst interessante Gewächse entdecken: Felslevkojen, Mittagsblumengewächse, Wolldisteln, Meeres-Leimkraut, meergrünen Hornklee und wenige andere Pflanzen, die an die extremen Bedingungen von Trockenheit und Salzluft angepasst sind. Eine winzige, verträumte Bucht mit Kieselstrand, *Cais do Sardinha*, lockt uns zu einem Abstieg. Und tatsächlich schwimmen ein paar Unerschrockene im kalten Atlantik. Wir kühlen nur die Füße und wandern danach weiter hinauf auf den kegelförmigen Gipfel, *Morro do Furado*. Links und rechts von uns fällt der Fels 160 Meter fast senkrecht ab, und wir erleben ein atemberaubendes Panorama vom Leuchtturm der vorgelagerten Insel, *Ilhéu do Farol*, zu den *Desertas*-Inseln und in der Ferne bis *Porto Santo*. Aber nicht nur die Sicht verschlägt uns die Sprache, auch der Abstieg über die ungesicherte Felsplatte lässt den Adrenalinspiegel wieder mal kräftig steigen. Zur Erholung legen wir an der *Casa do Sardinha* eine längere Rast ein. Das kleine Natursteinhaus, umgeben von Dattelpalmen, liegt wie eine Oase in der kargen Landschaft unterhalb des Gipfels. Eine Ausstellung über das einzigartige Ökosystem von *São Lourenço* macht uns zum wiederholten Male deutlich, dass wir mit der »Entdeckung« Madeiras einen echten Schatz gefunden haben. So allmählich rückt das Urlaubsende näher und es werden einige

Unternehmungen unserer Wunschliste offen bleiben. Wir möchten noch in den Feenwald *Fanal*, auf die *Levada Ribeira da Janela*, in das Küstenstädtchen Porto Moniz am nordwestlichen Ende der Insel und in den tropischen Garten *Monte Palace*.

Der *Jardim Tropical* in *Monte*, hoch über Funchal gelegen, soll zu den schönsten Gartenanlagen weltweit gehören. Wir erleben noch einmal einen Tag mit strahlend blauem Himmel für unseren Besuch.

Das Prädikat »schönster Garten« ist wirklich nicht übertrieben. Auf über sieben Hektar finden wir Pflanzen und Kunst aus aller Welt. Das ganze Areal ist madeiratypisch durchzogen von Wasserläufen, kleinen Seen, Wasserkaskaden, schmalen Pfaden und Brücken mit immer wieder überraschenden Ein- und Ausblicken. Wir streifen den ganzen Tag durch Dschungel von Baumfarnen, durch asiatische Gärten, bewundern die Sammlung antiker, manuelinischer Fenster und *Mudejar*-Wandbilder, die immer mal wieder aus dem Grün hervorspringen, und sind fasziniert von den Pflanzendinosauriern, den Palmfarnen. Sechzig Arten dieser mehr als vier Millionen Jahre alten Gattung sind hier versammelt. Um die Überschwemmung der Sinne zu beruhigen, bleiben wir mal an den Wasserspielen am mittleren See auf einer Bank sitzen oder ruhen uns im japanischen Zen-Garten aus.

Die Üppigkeit dieses Gartens – selbst im Winter – erscheint uns Sinnbild für das Pflanzenwachstum auf der Insel Madeira, die ja so häufig als Blumeninsel oder grüne Perle im Atlantik bezeichnet wird.

Mit diesen Eindrücken müssen wir uns vom Paradies verabschieden. Und weil wir im Februar doch immer mal wieder mit dichten Wolken und leichtem Regen in den Bergen und auf der Nordseite zu tun hatten, haben wir einen großen Teil der Insel noch gar nicht gesehen. Madeira im Spätsommer muss wunderbar sein – wir sind uns einig, dass wir so schnell wie möglich wieder auf diese Insel zurück kommen wollen. Noch vor unserer Heimreise reservieren wir die gleiche Ferienwohnung für September desselben Jahres.

Traumhaus – *a casa de sonho*

Kaum drei Tage dem norddeutschen, frühherbstlichen Schmuddelwetter entronnen, stehen wir zu Beginn unserer zweiten Madeirareise vor einem Haus, das uns wie aus unseren Träumen entgegenkommt. Ein altes Natursteinhaus, komplett restauriert, mit hölzernen Fensterläden, kleinem Grundstück, großer Tiefgarage unter der Terrasse und einem Ausblick, dass uns die Augen überlaufen.

Schon nach unserem Februarurlaub spürten wir eine deutliche Distanz zu unserem lange Jahre gehegten Wunsch, später mal in Italien sesshaft zu werden. Zu verlockend erschien mir inzwischen das milde Winterklima und die damit verbundene Besserung meiner fibromyalgischen Schmerzzustände. Die Vorstellung, ein Haus auf Madeira zum Überwintern zu besitzen, fühlte sich gut und richtig an. Also reisten wir diesmal mit dem Vorsatz an, den zweiten Urlaub auf Häuserschau zu gehen. Dass daraus nicht viel wurde, lag an jenem Haus, das uns von Luis gezeigt wurde. Luis ist selbst ernannter Bauunternehmer. Autodidakt, wie wir später erfahren sollten und von unserem Ferienhausvermieter wärmstens empfohlen als guter und zuverlässiger Handwerker – und er spricht englisch. Luis also, hatte von seinem Freund Pedro, Elektriker und zur Zeit an der Restaurierung eines Natursteinhauses beteiligt, einen Tipp bekommen, dass dieses Haus in Calheta nach Fertigstellung verkauft werden sollte. Und von unserem Ferienhausvermieter erhielt Luis den Hinweis, es wären Gäste da, nämlich wir, die ein altes Madeira-Haus suchen. Man könnte es Zufall nennen, dass wir ausgerechnet in jenen zwei Wochen auf Madeira weilten, in denen sich auch der Bauherr, Senhor Rodrigues, der den größten Teil des Jahres in Südafrika lebt, auf der Insel aufhielt.

Aber der Reihe nach: Wir lernen Luis an unserem dritten Urlaubstag kennen. Er schlägt uns eine Besichtigungsfahrt vor und nimmt uns ein kurzes Stück den nächsten Berg hinauf mit, biegt in ein ganz schmales Gässchen ein und – »here it is«. Haus und Grundstück liegen eine Terrassenhöhe über der Gasse, die sich *vereda* nennt. Wir schauen also durch das schmiedeeiserne Tor hoch zum Gebäude – und sind überwältigt. Gleichzeitig ergreift uns ein Gedanke – unbezahlbar!

Weil Luis keinen Schlüssel hat und den Verkaufspreis nicht kennt, bitten wir ihn, mit dem Verkäufer ein Treffen für uns zu vereinbaren. Es könnte ja sein, dass ... Wir wagen kaum uns vorzustellen, dass es uns möglich wäre das Haus zu kaufen und können doch an nichts anderes mehr denken. Zur »Ablenkung« schauen wir uns in den folgenden Tagen noch ein paar andere *Se-Vende*-Objekte an, aber wir sind bereits verliebt und sehen nur noch Mängel und Makel an all den anderen Häusern: schlechte Lage, zu verbaut, zu sehr Ruine. Bis wir nach drei Tagen mit Senhor Rodrigues erstmals eine Innenbesichtigung von unserem Traumhaus machen, haben wir kein anderes Haus von innen angeschaut.

Nun also der große Augenblick: das Tor wird aufgeschlossen, wir steigen 6 Stufen hoch und stehen auf einer schmalen Terrasse, die das Haus vom Garten trennt. Ein Blick zurück und wir sehen nichts als das Meer und den Himmel. Die Fensterläden, die beim genauen Hinsehen gar nicht aus Holz, sondern aus Aluminium in Holzoptik bestehen, werden geöffnet und wir werfen erste Blicke ins Haus. Traditionell führt die Eingangstür direkt in die Küche: Oder besser gesagt, in den Raum, der mal Küche werden soll. Ein alter, gemauerter Holzbackofen ist raumbestimmend. Klar, dass ich begeistert bin. Wir entdecken Raum für Raum den Innen-Rohbau und vor meinen Augen entwickelt sich imaginär unser zweites Zuhause.

»Ich muss jetzt raus und Senhor Rodrigues nach dem Verkaufspreis fragen, sonst bin ich verloren!«

Meinem Mann geht es ähnlich. Es ist, als hätte dieses Haus nur auf uns gewartet.

Wir einigen uns noch kurz darauf, dass wir kein Gebot abgeben wollen, unser Limit allerdings bei 240.000 Euro liegt. Mit deutschen und italienischen Vergleichspreisen im Kopf scheint uns das eine realistische Summe zu sein.

»The price for the house, when it is ready with kitchen, bathrooms, tiles and doors would be 200.000. If you want to buy it like it is, I will give it to you for 175.000 Euros.«

Wir haben Mühe, das breite Grinsen in unseren Gesichtern zurückzuhalten. Wiederholen die Summe, um sicher zu gehen, dass wir ihn richtig verstanden haben. Dann finden wir langsam zu einer distanzierten Haltung zurück, bitten um Bedenkzeit, beziehungsweise um die Schlüssel, um mal einen ganzen Tag in »unserem« Traumhaus zu verbringen. Wir wollen erleben, wie die Sonne auf- und untergeht, wie der Wind herumstreicht, ob die Raumaufteilung so gut passt, wie es uns auf den ersten Blick scheint und, ob die Gartenfläche für meine Leidenschaft als Gärtnerin ausreicht. Aber vor allem wollen wir sachkundige Menschen herbestellen, die eine Meinung zur Beschaffenheit des Untergrunds, zu eventuellen Baumängeln usw. abgeben können.

Wir müssen uns noch ein Wochenende gedulden, was schwer fällt. Dann ist es soweit. Mit Picknicktasche, Zollstock und Fotoapparat stiefeln wir los und gehen zum ersten Mal alleine durch das Tor auf »unser« Haus zu. Bevor wir fotografieren und messen, wollen wir dort frühstücken. Jetzt, im September, liegt die schmale Terrasse vor dem Haus noch im Schatten, doch auf die Riesenfläche, die die Garage bedacht, scheint bereits um kurz nach neun die Sonne. Perfekt, viel früher frühstücken wir in den Ferien sowieso nie. Erster Pluspunkt. Außer Grillenzirpen, und manchmal Hundegebell hören wir fast nichts. Diese Ruhe ist himmlisch! Zweiter Pluspunkt! Die Aussicht ist sowieso nicht zu toppen. Dritter Pluspunkt!

Irgendwann hören wir auf zu zählen, denn wir finden keine Minuspunkte. Auch unsere »Berater«, die sich über den Tag am Haus einfinden, können nichts Negatives entdecken. Am Abend steht fest: wir wollen das Haus kaufen, und zwar so, wie es jetzt da steht. Den Innenausbau, Fußböden, Bäder, Küche, Zimmertüren, wollen wir selbst gestalten und in Auftrag geben. Luis sagt uns seine Unterstützung zu.

Senhor Rodrigues lädt uns in sein Anwesen in Prazeres ein und bevor wir zu den konkreten Verhandlungen kommen, müssen wir erstmal seine *Quinta*, ein 400-Quadratmeter-Landhaus, besichtigen. Wir werden von Salon zu Salon geführt, müssen uns diverse Schlafzimmer, Bäder, Küchen, Speisesäle ansehen, nichts wird ausgelassen. Dann gehen wir zusammen auf die Terrasse und mit der Geste eines Großgrundbesitzers weist er auf seinen ganzen Stolz hin, eine Papaya-Plantage fast bis zum Meer hinunter. Er zeigt in die andere Richtung und klagt über den Ärger mit seinem Nachbarn. Dabei macht er uns auf seinen Mauer-gewordenen-Zorn aufmerksam. Der Nachbar kann nicht mehr aus den Fenstern sehen. Wir notieren: Vorsicht, diesen Menschen darf man nicht ärgern!

Endlich kommen wir in einem der Salons zum Sitzen und können mit dem Gespräch über den Kauf beginnen. Wir haben uns vorab über die Rechtslage sowohl im Internet, als auch bei unseren Ferienhausvermietern schlau gemacht und wollen zunächst nur in einen Vorvertrag einwilligen, bis alle Dokumente von einem Anwalt geprüft worden sind.

Aber so viel Gedöns um Formalitäten will der Herr Großgrundbesitzer nicht machen. Er versichert uns mehrmals, er sei ein ehrenwerter Kaufmann, dessen Wort gilt. Also machen wir einen Handschlagvertrag ohne finanzielle Verpflichtung. Dieser soll bis zu seiner und unserer Rückkehr im Januar gelten. Dann wollen wir zum Notar gehen und den Kauf rechtskräftig machen. So sein Vorschlag. Uns bleibt gar nichts anderes übrig als einzuwilligen. Und wir vertrauen ihm. Keine Ahnung, womit er sich das verdient hat, aber es ist so.

Am nächsten Tag fliegt er zurück nach Südafrika und wir zurück nach Deutschland.

Allerletzte Zweifel werden beseitigt, als Senhor Rodrigues nach einer Woche bei uns in Hamburg anruft und sich vergewissern will, ob es uns weiterhin ernst ist mit dem Kauf des Hauses.

Unsere erwachsenen Kinder werden als Erste eingeweiht.

»Wir haben eine Überraschung aus Madeira mitgebracht. Wir werden dort ein Haus kaufen.«

Unser Sohn, wie immer ziemlich cool, »ich dachte, ihr wollt nach Italien ziehen.«

Unsere Tochter, nicht viel sensibler, »waaaaas? Das ist doch so eine Rentnerinsel!«

Da müssen wir also noch etwas Überzeugungsarbeit leisten, wenn wir wollen, dass sie uns dort besuchen kommen. Wir zeigen Fotos vom Urlaub, vom Haus, vom Panorama, doch die Skepsis bleibt.

»Wo liegt die Insel denn eigentlich?«

Unser Sohn tippt die Koordinaten in sein iPad, 32 Grad Nord, 16 Grad West.

»Das ist aber ganz schön weit draußen!«

»Ja, circa 1000 km vom Festland Portugal entfernt und etwa 400 km von der afrikanischen Küste in Höhe von Casablanca.«

»Und man kommt nur mit dem Flugzeug dorthin? Oder fahren auch Schiffe?« will unsere Tochter wissen.

»Auf jeden Fall legen viele Kreuzfahrtschiffe in Funchal an und von Portimão, im Süden von Portugal geht auch eine Fähre. Sie soll wohl 24 Stunden unterwegs sein. Das müssen wir alles noch genauer in Erfahrung bringen.«

Es wird noch ein kleiner zaghafter Protest eingelegt: »Aber ihr könnt doch gar kein Portugiesisch!«

Da springt uns Lorena bei, die brasilianische Freundin unseres Sohnes: »Ich werde es euch beibringen.«

Damit ist für die jungen Leute das Thema erst mal erledigt. Noch sind das ja alles nur Absichtserklärungen.

Nun liegen drei Monate vor uns, während derer wir die Finanzierung der Kaufsumme klären müssen und alle rechtlichen Hürden abzuklopfen haben. Das sollte zu schaffen sein.

Während wir uns redlich mit der Geldbeschaffung abmühen, immerhin sind wir beide selbständig und damit per se für Banken in finanziellen Belangen nicht vertrauenswürdig, hält Lorena Kontakt mit Südafrika. Unser Hausverkäufer soll wissen, dass unser Interesse keine Urlaubslaune war, die sich im deutschen Alltag wieder verflüchtigt. Also palavert die junge Frau alle zwei bis drei Wochen mit Senhor Rodrigues, bringt ein paar kleine Fragen von uns mit ins Gespräch, macht aber im allgemeinen nette Smalltalks mit dem älteren Herrn. Kann ja nichts schaden!

Unsere Recherchen im Internet ermahnen uns, beim Hauskauf in Portugal Vorsicht walten zu lassen. Deshalb suchen wir zunächst mal die portugiesische Botschaft in Hamburg auf, um uns offiziell nach unseren Rechten und Pflichten zu informieren. Schnell stellt sich heraus, dass wir an der falschen Adresse sind. Klar, das hätte man sich denken können, dass das portugiesische Konsulat für die Portugiesen, die in Deutschland leben, zuständig ist. Die Auskunft des Botschafters ist dementsprechend lapidar:

»Sie möchten ein Haus auf Madeira kaufen? Tun sie das! Es ist eine schöne Insel.«

»Können Sie uns denn irgendwelche Informationen geben, was zu beachten wäre.«

»Nein, warum? Madeira gehört zu Portugal und Portugal gehört zur EU. Sie sind ebenfalls EU-Bürger. Es macht keinen Unterschied, ob sie hier in Hamburg ein Haus kaufen wollen oder auf Madeira.«

Na, da sind wir aber sehr gespannt, denken wir beim Verlassen seines Büros.

Wir nutzen unsere Ferienkontakte zu Residenten auf Madeira, um uns einen Anwalt empfehlen zu lassen. Der soll im Vorwege den Grundbucheintrag prüfen und uns beim eigentlichen Kaufvertrag unterstützen. Weiter haben wir herausgefunden, dass uns tatsächlich eine einfache Anmeldung auf Madeira genügt, um eine Steuernummer zu erhalten und damit voll geschäftsfähig zu sein. Für den Geldtransfer und die Zahlungsabwicklung können wir dann ein Konto bei einer portugiesischen Bank eröffnen.

Soweit, so gut. Doch unsere heimische Bank macht Probleme. Wir erfahren über die Lokalzeitung, dass der Chef der Sparkasse wegen einer Schmiergeldaffäre gefeuert wurde und nun sämtliche Kreditanträge noch mal neu geprüft werden. Wir reichen Steuerbescheide, Gewinn- und Verlustrechnungen, Versicherungspolicen und mehr und mehr Unterlagen ein, die inzwischen zwei Aktenordner füllen könnten, aber dem so genannten Backoffice fällt immer noch etwas ein, das es gerne prüfen würde. Unsere Stimmung rutscht zusammen mit dem Thermometer unter den Gefrierpunkt.

Die Gespräche zwischen meinem Mann und mir beginnen inzwischen standardmäßig mit »du musst noch...« oder »hast du schon ...« oder »wo ist denn bloß...« oder »hoffentlich kommt endlich ...«

Es ist kurz vor Weihnachten, als wir endlich den Kreditvertrag unterschreiben können. Die Vertragsvorbereitungen auf Madeira machen allerdings keine Fortschritte. Senhor Rodrigues sollte uns einen Vertragsentwurf zukommen lassen. Nichts! Das Anwaltsbüro reagiert nicht auf Mails und Faxe, die Telefonnummer scheint geändert zu sein. Lorena, unsere Übersetzerin, ist inzwischen zurück nach Brasilien und auch keine Hilfe mehr. Auf was haben wir uns da nur eingelassen, frage ich mich in manch schlafloser Nacht.

Am 23. Dezember – endlich – bringt der Postbote ein Dokument aus Südafrika. Der vorläufige Kaufvertrag und eine Terminvereinbarung beim Notar am 13. Januar. Auch unser Anwalt auf Madeira bestätigt endlich, uns in den Kaufverhandlungen zu vertreten. Wir atmen tief durch und feiern tags darauf sehr entspannt Weihnachten. Nun können wir uns in den zwei Wochen bis zu unserem Abflug um die »nebensächlichen« Dinge kümmern.

Wir besprechen mit einer Freundin, dass sie das Feng Shui für unser neues Haus machen soll. Wir planen kleine Veränderungen in der Raumaufteilung und richten gedanklich ein: welcher Raum wird Schlafzimmer, welcher Gästezimmer, welcher Büro, wo soll der Kamin eingebaut werden, brauchen wir wirklich ein drittes Bad, und, und, und?

Was machen wir mit dem Garten, der ja Monate lang sich selbst überlassen bleibt?

Mit vielen Ideen, reichlich Skizzen und einer 100 Meter-Rolle Unkrautvlies starten wir Anfang Januar in unser Abenteuer.

Hauskauf – *Compra de Casa*

Abreise am 5. Januar, mein Gott, sind wir aufgeregt!

Madeira empfängt uns spät abends mit lauer Luft. Am nächsten Tag, bevor wir uns in die Formalitäten begeben, möchte ich bei einem Morgenspaziergang von der Ferienwohnung zu unserem Haus erst mal richtig ankommen. Die Vögel singen zur Begrüßung in den Eukalyptusbäumen und die Zitronen leuchten in den blauen Himmel. In den Gärten blühen noch Dahlien und Rosen, während den Straßenrand die roten Fackeln der Aloe und meterhohe Weihnachtssterne befeuern. Die bunten Strelitzien strahlen in der Sonne und aus dem feuchten Schatten leuchtet die samtige Anmut weißer Callas. Ich bin wieder im Paradies!

Als ich zur Ferienwohnung zurückkomme, empfängt mich mein Mann mit einem gedeckten Frühstückstisch auf der sonnigen Terrasse. Wir denken beide gleichzeitig, ›wenn das der Winter ist, …!‹ Dass es auch ganz anders sein kann, haben wir wohl gehört, aber das wird erstmal ausgeblendet. Wir kommen schließlich aus Norddeutschland. Wir kennen Stürme, Wassermassen und graue Tage ohne Ende. Und kein atlantisches Tief wird uns davon abbringen können unseren Traum vom Haus im Süden in diesem Urlaub wahr zu machen! Noch ahnen wir nicht, dass die kommende Woche auf andere Art sehr stürmisch werden wird.

Unsere erste Etappe: die *Câmara da Calheta,* das Rathaus und Finanzamt. Hier wollen wir unsere portugiesischen Steuernummern bekommen. Unsere Vermieterin begleitet uns. Wir brauchen jemanden, der bestätigt, dass wir eine Bleibe haben, solange wir uns auf Madeira aufhalten und noch keinen eigenen Wohnsitz haben.

»Nicht mehr nötig!« erklärt uns die junge Frau vom Amt.

Da hatte der portugiesische Botschafter in Hamburg also doch Recht, dass wir als EU-Bürger Freizügigkeit genießen und somit auf Madeira als Deutsche auch ohne Wohnsitz geschäftsfähig sind. Die Dame braucht lediglich unsere Personalausweise. Während sie unsere Daten eingibt, schauen wir uns in der Amtsstube, so darf man das hier noch bezeichnen, eingehend um.

Wir warten vor einem brusthohen, dunklen Holztresen, zusammen mit zwei weiteren portugiesischen Antragstellern. Wer noch nicht dran ist, wartet im Vorraum, wo, ganz modern, eine elektronische Nummernvergabe für eine geordnete Reihenfolge sorgen soll. Hinter dem Tresen tippen mehrere junge Frauen vor kleinen vergilbten Computern, besprechen sich mit den Wartenden, tippen wieder. Eine ruhige Atmosphäre, scheinbar hat es keiner eilig. Auch die Bearbeitung unserer *contribuente* dauert eine ganze Weile. Dann bekommen wir jeder zwei DIN A4 Formulare, mit dem Hinweis, dass wir diese nun immer bei uns zu tragen hätten. Wir schauen ein wenig verständnislos, aber Inge, unsere Vermieterin, klärt uns auf: »Wenn ihr irgendwann fest auf Madeira wohnen werdet, bekommt ihr einen Residentenausweis. Bis dahin müsst ihr die *contribuente* bei jeder größeren Anschaffung vorlegen.«

Wir erwarten noch, irgendwo Gebühren für dieses Papier entrichten zu müssen, aber da wird schon der Nächste aufgerufen und wir sind kostenfrei entlassen. Glücklich treten wir mit unserem ersten portugiesischen Dokument vor die Tür des altehrwürdigen Gebäudes und lassen uns wie ein Hochzeitspaar auf der Freitreppe fotografieren. Nur einen Steinwurf entfernt glitzert das blaue Meer in der Januarsonne, wir setzen uns erstmal in die Strandbar und trinken einen Cappuccino, der auf Madeira *chinesa* heißt. Da entdecken wir unseren Hausverkäufer und winken ihn zu uns. Herzliche Begrüßung! Gleich darauf sein Frage: »Ich soll zu Ihrem Anwalt. Warum? Was will er von mir?«

Wir zucken mit den Schultern, »keine Ahnung, vielleicht fehlen noch Papiere. Wollen Sie nicht einen Kaffee mit uns trinken?«

Er wischt die Sätze mit einer Handbewegung weg. Nein, er hat Termine. Aber wir sollen gerne heute Nachmittag zu ihm nach Hause kommen. Da können wir auch seine Frau und seinen Sohn kennen lernen. Wir sagen zu, weil wir gar keine andere Möglichkeit haben. Sehr speziell, dieser Mensch! Gutsbesitzermanieren!

Es folgt Etappe zwei: die Kontoeröffnung.

Bevor wir unseren Großgrundbesitzer besuchen, wollen wir ein Girokonto bei einer Bank eröffnen. »Vorsicht bei portugiesischen Banken!« hatte uns der Berater unserer Hausbank in Deutschland geraten. Die *Banif* Bank hatte den so genannten Stresstest bestanden, ist in Laufnähe unseres neuen Hauses und kommt deshalb in den Genuss uns als neue Kunden zu gewinnen. Es scheint auch hier alles ganz einfach zu gehen: Ausweise, portugiesische Steuernummer – fertig. Jetzt können wir die Kaufsumme von Deutschland nach Madeira transferieren und, sobald das Konto frei geschaltet ist, Schecks und Kreditkarte ausgestellt sind, alle Bankgeschäfte – auch online – regeln. Hoch leben die Errungenschaften der digitalen Kommunikation! Noch vor zehn Jahren war es ein Riesenproblem als Privatmensch eine hohe Summe ins Ausland zu überweisen.

Gut gelaunt und mit viel positiver Energie fahren wir am Nachmittag nach Prazeres zu Senhor Rodrigues. Seine Frau, Südafrikanerin, begrüßt uns. Sein Sohn kommt gerade vom Sport und wird uns stolz vorgestellt. Wir sitzen eher zwanglos in einem der vielen Salons der *quinta* bei Kaffee und Keksen zusammen. Unsere Besorgnis, es gäbe noch etwas Entscheidendes zu besprechen, scheint grundlos, bis Senhor Rodrigues abrupt den Plauderton verlässt und uns klipp und klar erklärt, dass er den Einsatz unseres Anwalts für den Kaufvertrag für überflüssig hält. Er wäre ein Ehrenmann, das wüsste auf Madeira jeder, und seine Geschäfte wären ohne Makel.

»Nun zur Kaufsumme: wir haben 170.000 Euro vereinbart, davon möchte ich 50.000 Euro in bar, 120.000 über einen *cheque visado,* einen namentlich ausgestellten Scheck.«

Ok, wir denken uns unseren Teil dazu.

Genauso resolut fährt er fort, »mein Elektriker Pedro und sein Freund Luis wollen von mir 5.000 Euro für die Vermittlung eines Käufers. Das sind Sie. Ich denke wir teilen uns die Summe.«

Nun wachen wir aber auf aus unserer Wir-machen-alles-mit-Seligkeit.

»Davon war bisher keine Rede. Wofür wollen die beiden Geld?

Für ein kurzes Telefonat, 'ich kenne einen Kaufinteressenten'? Nein, das sehen wir nicht ein.«

Frau Rodrigues pflichtet uns bei: »5.000 Euro für nichts?«

Mein Mann und ich sind uns einig, dass wir uns nicht an einer Vermittlungsgebühr beteiligen werden, aber den Auftrag für den Innenausbau an die beiden vergeben wollen. Das erscheint uns als faire Lösung. Wie sich Rodrigues verhalten wird, bleibt offen. Am nächsten Tag treffen wir uns mit Luis bei unserem Haus. Wir haben seit gestern bereits Schlüsselgewalt und wollen die Räume ausmessen. Auf die Frage nach der Provision angesprochen, weist Luis den Anspruch von sich: Ja, Pedro hätte bei Rodrigues angefragt, aber er wäre zufrieden, wenn er für uns arbeiten könne. Und von Pedro wären sicher auch noch einige Elektroarbeiten auszuführen. Gut, das wäre also auch geklärt. Luis scheint uns absolut vertrauenswürdig.

Nach der Besprechung, welche Arbeiten vorrangig auf ihn zukommen, verabreden wir uns für Montag, um uns bei verschiedenen Baustoffhändlern einen Überblick zu verschaffen, was wir für die Innenausbauten auf Madeira bekommen und was aus Deutschland geschickt werden muss. Unsere Ferienwohnungsvermieter haben vor Jahren für den Umbau ihres Hauses fast alle Materialien per Container aus Deutschland kommen lassen, doch die Zeiten haben sich geändert. Madeira ist nicht mehr das vergessene »Armenhaus« Europas, wo es kaum etwas zu kaufen gibt, sondern hat sich in den letzten zehn Jahren zu einer attraktiven Region entwickelt, die den Anschluss an Europa gefunden hat. Zumindest was die Hauptstadt Funchal angeht.

Wir werden Montagmorgen mit dem Pick-up abgeholt und fahren zu unserem Erstaunen nicht nach Funchal, sondern über kleine, steile Sträßchen in abgelegene Dörfer oder Gewerbeansiedlungen. Luis erklärt uns, dass wir in den Geschäften in Funchal wesentlich mehr bezahlen würden, weil uns dort feine Herren im Anzug bedienten. Wo wir mit ihm landen, spricht niemand Englisch. Das wäre schon mal unsere erste Hürde, nein, die zweite, denn wir hätten diese Baugeschäfte niemals auf Anhieb, nicht einmal mit einer Wegbeschreibung gefunden.

Es braucht natürlich ein gewisses Maß an Vorstellungskraft 110 qm Bodenbelag anhand einer einzigen Musterfliese zu bestimmen, noch dazu bei einer wirklich großen Auswahl, die sich allerdings in keinem der Geschäfte einfach so präsentiert. Der Ablauf ist überall gleich: Luis erklärt, was wir suchen. Man zeigt uns drei, vier Muster. Luis wird konkreter, dann werden ein paar Kartons aufgerissen. Wir sind uns noch immer nicht schlüssig, dann gehen wir noch mal über den Hof in ein anderes Lager. Am Ende dürfen wir ein oder zwei Fliesen mitnehmen, um eine Auswahl in unserem Haus treffen zu können.

Mit der Badausstattung geht es etwas einfacher. Hier sind immerhin winzige Musterbäder aufgebaut. Für die Küche werden wir aber wohl doch ohne Luis zu den feinen Herren müssen.

Zumindest haben wir uns einen ersten Überblick verschafft und hoffen, im Laufe unseres Aufenthalts die wichtigsten Dinge auswählen und bestellen zu können.

Am späten Nachmittag folgt die dritte Etappe unserer offiziellen »wir-werden-Hausbesitzer-auf-Madeira-Reise«: wir treffen erstmalig unseren Anwalt *Advogado* Nunes persönlich, der den Hauskauf für uns vorbereiten soll. Er beglückwünscht uns zunächst zu der guten Entscheidung ihn beauftragt zu haben und erzählt ein paar Anekdoten, was Ausländern so alles widerfahren kann, wenn sie sich schlecht beraten in das Abenteuer eines Hauskaufs auf Madeira stürzen: teure Ruinen, Grundstücke, die dem Verkäufer nicht gehören, Häuser, die laut Vertrag ganz woanders stehen als das angebotene Objekt – mir wird ganz schwindelig.

Er beruhigt uns: »Nein, nein, mit ihrem Objekt ist alles in Ordnung. Ich habe die Unterlagen des Grundbuchamts geprüft. Wir brauchen von Senhor Rodrigues nur noch die *ficha técnica de habitação*, die offizielle Baugenehmigung, und eine Angabe, wer die Garantieleistungen übernimmt, der Bauherr oder die Baufirma. Ich erwarte ihn morgen Vormittag in meiner Kanzlei.«

Er verabschiedet uns mit der Bemerkung, dass er selbst morgen Mittag für eine Verhandlung aufs Festland muss. Wir werden von seiner reizenden Kollegin, Senhora Daniela weiterhin vertreten. Sie wird uns auch zum notariellen Vertragsabschluss begleiten und alles übersetzen.

Richtig aufregend wird es tags darauf. Wir erhalten morgens einen Anruf unserer Anwältin: »Senhor Rodrigues war in der Kanzlei, doch er verweigert die Auskunft über die Baufirma und wird auch keinerlei Garantien übernehmen.«

»Was können wir machen?«

»Nichts. Entweder sie lassen sich darauf ein oder wir müssen die Kaufverhandlung abbrechen. Wir können Senhor Rodrigues zu nichts zwingen.«

Wir hören kurz auf unseren Bauch, der weiterhin ein »alles-wird-gut« signalisiert und stimmen zu, dass wir auch ohne Garantie kaufen.

»Aber was ist mit der *ficha técnica?*«

»Nun, es ist ein altes Haus, kein Neubau. Normalerweise braucht man für eine Restaurierung schon eine Lizenz. Wir werden es als renoviertes Gebäude bezeichnen, dann geht das schon. Kein Problem, machen Sie sich keine Sorgen.«

Wir werden uns an das »no problem, don't worry , it's easy, « gewöhnen müssen.

Unsere Euphorie hat einen Dämpfer bekommen, und es geht noch weiter. Senhora Daniela rät uns, die Adresse auf unserer *contribuente* von der deutschen auf die neue portugiesische ändern zu lassen, denn für selbst genutzte Ferienhäuser gelten andere Steuersätze beim Erwerb als für Vermietobjekte.

Als wir am nächsten Morgen wieder in der *Câmara da Calheta* stehen, habe ich mir einen portugiesischen Satz zurechtgebastelt, der unser Anliegen erklären soll. Die freundliche junge Frau versteht mich nur zur Hälfte und fragt nach dem Kaufvertrag, den wir ja noch nicht haben. Dann bräuchte sie den schriftlichen Vorvertrag. Den gibt es aber auch nicht. Sie spricht mit einer Kollegin, die energisch den Kopf schüttelt.

»Wir können die Adresse erst ändern, wenn uns ein Vertrag vorliegt.«

»Aguarde um momento, por favor! – Bitte warten Sie einen Augenblick!« die *Advogada* Daniela wird angerufen und wir hoffen, dass sie kraft anwaltlicher Autorität die Damen vom Amt überzeugen kann. Danach verschwinden die beiden in einem Nebenraum. Nach langer Zeit kommt die jüngere zurück, zieht einen dicken, schweren Ordner aus dem antiquarischen Aktenschrank und verschwindet wieder.

Wir sind noch immer ohne Frühstück, die Parkuhr muss gefüttert werden, und es dauert! Eine Stunde später kommen beide wieder heraus und die jüngere tritt mit einer bedauernden Miene zu uns an den Tresen.

»Es geht nicht!« Sie schiebt uns einen gelben Post-it mit *certificado de residência* herüber. »Das brauchen wir für die Änderung.«

Also rufen wir unsere Anwältin an, in der Hoffnung, dass auch dieses Problem kein Echtes ist. In der Tat sagt sie: »Ach ja, in Calheta ist immer alles etwas kompliziert. Kommen Sie morgen in die *Câmara da Ribeira Brava*. Unsere Anwaltsgehilfin Carmen wird um 15 Uhr dort sein und alles für Sie regeln. Sie können dann auch gleich die Grunderwerbssteuern bezahlen, damit Ihnen der Notar am Freitag den Kaufvertrag sofort übergeben kann.«

»No problem, don't worry, it's easy, « – wir lieben diesen Satz!

›Eigentlich kann jetzt nichts mehr schief gehen‹, denken wir, als wir sehen, dass das Geld aus Deutschland inzwischen auch auf unserem portugiesischen Konto gutgeschrieben ist. Doch Geld auf dem Konto heißt noch lange nicht, dass wir darüber verfügen können. Die Freischaltung des Kontos erfolgt in Lissabon und dort hat man noch nicht bestätigt.

»Was eigentlich«, fragen wir uns. Ich erkläre dem Bankbeamten die Dringlichkeit und er nickt verständnisvoll: »Kommen Sie morgen Vormittag wieder, don't worry!«

Wir versuchen es! Gehen am sonnigen Nachmittag zu unserem Häuschen, überlegen wo wir einen Kamin einbauen wollen, wo welche Möbel stehen werden, wie wir den Garten gestalten wollen.

Donnerstagvormittag – ein Tag vor dem Notartermin – wir sind wieder bei der *Banif* Bank!

Nada! Nichts! Unsere Aufregung wächst. Wir können den Notartermin nicht verschieben, denn Senhor Rodrigues fliegt mit seiner Familie am Wochenende zurück nach Südafrika.

Mittags sind wir wieder am Bankschalter. *Nada!* Die Post ist noch nicht angekommen.

»Ja Himmel, sind die denn hier noch mit der Kutsche und dem Segelschiff unterwegs.«

Schade, dass ich das weder spontan auf englisch noch auf portugiesisch sagen kann. Es hätte mich etwas erleichtert. Wir verlangen den Manager zu sprechen, der telefoniert mit Lissabon – und Hokuspokus – geht es plötzlich auch ohne Post.

Wir bekommen erstmal drei Schecks, um an unser Geld heranzukommen. Und bestellen für den Freitag die geforderten 50.000 Euro in Scheinen, sowie den *cheque visado*.

Mit quietschenden Reifen brettern wir Richtung Ribeira Brava, wo Senhora Carmen auf dem Finanzamt schon auf uns wartet. Die Änderung des Wohnorts auf unserem Steuerdokument wäre hier wirklich kein Problem, wenn nicht gerade mal das System »down« wäre. Wir warten. Die Behörde schließt um 16 Uhr, es ist jetzt 15.47 Uhr.

»Das schaffen die nie!«

»Doch!« beruhigt mich mein Mann, »don't worry.«

Stimmt, ich hatte es ja schon wieder vergessen, dass es keine Probleme gibt.

Um 15.54 Uhr fährt das System wieder hoch, der portugiesische Wohnsitz meines Mannes wird eingetragen, er bekommt seine neue *contribuente* und geht zusammen mit Carmen an die Kasse um gerade noch die Grunderwerbsteuer bezahlen zu können, bevor Schlag vier die Lichter ausgehen. Meine neue *contribuente* hat es leider nicht geschafft, noch vor Dienstschluss aus dem Drucker zu kommen.

»No problem!« Carmen wird sie am nächsten Tag mitbringen.

Wir vergewissern uns noch mal bei ihr, wann wir am nächsten Tag beim Notar sein müssen und was wir nicht vergessen dürfen.

Sie lacht: «Das Geld!« und wieder ernst: »Ihren Personalausweise und die Steuernummer. *Até amanhã!* – Bis morgen!«

Das war Etappe vier und wir haben noch fast 24 Stunden Zeit bis zum Termin beim *Notário* und keine Hürden mehr zu überwinden. Zur Abwechslung könnten wir den Rest des Tages mal Urlaub machen. Doch das klappt nicht! Unversehens stehen wir wieder in einem Baugeschäft, weil es gerade mal so auf dem Weg lag. Es ist das mit den feinen Herren. Luis hatte wirklich Recht. Die Ausstellungsräume sind großzügig, die Auswahl an Fliesen im Showroom muss nicht erst unter einer Staubschicht entdeckt werden, einige Mitarbeiter sprechen englisch und die Preise sind deutlich höher. Und es gibt drei Musterküchen, die uns zumindest eine Anregung für unsere Küchenplanung liefern.

Am Abend holen wir unseren Freund Wilfried aus Hamburg am Flughafen von Funchal ab. Er hat in den letzten Jahren unsere »Ab-in-den-Süden-Träume« ernsthaft verfolgt und möchte jetzt einfach gerne dabei sein, wenn aus dem Traum Realität wird. Und eine Woche Wärme im kalten Januar tun jedem gut. Während wir in der Ankunftshalle auf ihn warten, fühlen wir uns schon ein klein wenig einheimisch. So ist das also, wenn man auf Madeira Besuch bekommt. Wir haben an diesem Abend viel zu erzählen, trinken eine Menge Rotwein und die Aufregung steigt.

Die letzte Etappe startet in der Bank. Zwei Uhr nachmittags, der Schalterraum ist voll und ich frage mich erneut, wo uns in dieser Einraum-Filiale die 50.000 Euro in bar ausgezahlt werden. Als wir an der Reihe sind, gibt es die einfache Antwort: über den Tresen! Einhundert 500 Euro-Scheine werden vor uns hingeblättert, und alle, die außer uns noch in der Bank sind, schauen interessiert zu. Oder zählen sie sogar mit? Wilfried filmt das Geschehen und ich habe das Gefühl, dass sich außer mir niemand darüber wundert, was hier gerade vor sich geht. Dann wird das kleine Bündel Geld in einen Briefumschlag gesteckt, der *cheque visado* bedruckt und wir spazieren heraus, als hätten wir nur einen Kontoauszug abgeholt. Wir werden uns wohl noch an einiges hier gewöhnen müssen.

Bevor wir nach Ribeira Brava zum Notar losfahren, berichten

wir unserem Vermieter Gerhard noch kurz von der irritierenden Aktion.

»Ja klar! So ist das hier. Hier klaut doch keiner was. Der würde nicht weit damit kommen.«

Stimmt, ist ja viel Wasser um uns herum. Der Vorteil einer Insel im Nirgendwo.

In der Anmeldung zum Notariat sind wir die Ersten. Nach und nach trudeln unsere Anwältin, Senhor Rodrigues und seine Frau und schließlich seine Anwältin ein. Beide Parteien stehen separat, als ginge es um einen Rechtsstreit. Meine Aufregung lässt mir schon wieder die Knie zittern und ich gestehe Senhor Rodrigues, dass ich bei meiner Hochzeit weit weniger nervös war. Alle lachen und das Eis ist gebrochen. Im freundlichen Plauderton begeben wir uns ins Büro des Notars, der gleich beginnt den Kaufvertrag auf Portugiesisch herunterzuleiern. *A advogada* Daniela übersetzt mündlich ins Englische. Der Notar entschuldigt sich für einen kurzen Moment und verlässt das Besprechungszimmer. Dann schaut mich Senhor Rodrigues ernst an und fragt: »Where is my baby?«

Ich weiß sofort, was er meint und zücke den Umschlag mit dem Bargeld. Er schiebt ihn an seine Frau weiter, die ein nicht ernst gemeintes ›warum immer ich?‹ murmelt, dann aber mit ungeheurer Professionalität und Geschwindigkeit die Scheine durchzählt und zufrieden nickt.

Wilfried filmt.

»Nur fürs private Archiv!«, beruhigt er die Anwesenden

Alle sind einverstanden, der Notar kommt wieder in den Raum, dann reichen wir den unterschriebenen Scheck über den Tisch – und fertig. Das war's. So einfach!

Wir bezahlen 200 Euro und 1 Cent – wirklich wahr! – Notargebühren, bekommen eine besiegelte *Escritura de Compra e Venda,* den Kaufvertrag, und können unser Glück kaum fassen. Wir haben ein Haus auf Madeira! Strahlend wie zwei Honigkuchenpferde lassen wir uns mit Kaufurkunde vor dem Notariatsgebäude von Wilfried fotografieren.

Dann laden wir noch alle Beteiligten zu einer kleinen Party am

Abend vor **unserem** Haus ein. Mit etwas ausgeliehenem Mobiliar aus unserer Ferienwohnung, Kerzen, Sekt, Saft, Trockenobst und Nüssen bereiten wir in der Dämmerung den Empfang für unsere Gäste vor: Inge und Gerhard, unsere Ferienhausvermieter, *vizinha* Conceição, die 85- jährige Nachbarin zur linken Seite, die mich herzt und küsst und mir sagt, wie sehr sich über uns als Nachbarn freut, *vizinha* Sita, die Nachbarin zur rechten Seite, die sich schüchtern durch das Haus führen lässt, Luis, Senhor Rodrigues mit Frau und Sohn und natürlich Wilfried, der wieder alles filmt. Wir stoßen mit Plastikbechern an, *»saúde, saúde!«,* die Anspannung ist endlich vorbei.

Wir stehen vor einem unfertigen Haus mit verunkrautetem Garten, wissend, dass wir in einer Woche wieder nach Deutschland zurückfliegen und sind dennoch vollkommen gelassen. Das Schlimmste haben wir hinter uns! Für alles andere haben wir Zeit, um Haus und Garten in ein Feriendomizil für die kalte Jahreszeit zu verwandeln.

Die nächsten beiden Tage machen wir wirklich mal Urlaub. Levadawandern, Strandspazier-gänge, die Wellenreiter in Jardim do Mar beobachten, faul in der Sonne liegen.

Nun haben wir noch fünf Tage, um Material zu bestellen, Aufträge zu erteilen, Dienstleistungen zu organisieren und nicht zuletzt unseren neuen Garten so zu präparieren, dass wir in ein paar Monaten keine Machete brauchen, um zur Haustür zu gelangen. Im Moment ist alles braun und vertrocknet, nicht etwa weil es wenig geregnet hätte, sondern weil uns Senhor Rodrigues noch einen »Gefallen« tun wollte und »Weedkiller« gespritzt hat. Es macht keinen Sinn ihm zu sagen, dass ich das blöd finde, denn es ist passiert. Ich hoffe einfach, dass das Gift in den nächsten Monaten weitgehend abgebaut ist. Um das verdorrte Kraut abzuräumen, trage ich vorsichtshalber Handschuhe. Dann lege ich im ganzen Garten die Unkrautfolie aus, die ich in weiser Voraussicht mitgebracht hatte. Im Fluggepäck! Luis wird beauftragt Kies zu besorgen und kommt mit zwei kräftigen Männern, um die Folien zuzuschütten. Es ist unglaublich, wie viel Gewicht die Männer schultern können. Der Kies wird vom Pick-up in so genannte *baldes* geschaufelt, dann heben zwei Männer diesen zentnerschweren Trog an und stellen ihn dem Dritten auf die Schulter. Der schwankt unter dem Gewicht die sechs Stufen hoch, wo ihm der *balde* wieder abgenommen und ausgekippt wird. Bis die Gartenfläche kiesbedeckt ist, sind die Männer fast hundert Mal gegangen.

Bei unseren Ferienwohnungsvermietern, beide passionierte Gärtner, sorgt meine Kiesfläche für Verwunderung.

»Wollt ihr denn gar nichts pflanzen?«

»Doch natürlich! Aber jetzt noch nicht. Ich hoffe, dass meine Folie den Wildwuchs bremst. Ich möchte doch nicht meine Urlaube hier mit Unkraut jäten verbringen.«

Um den Garten braucht sich nun erstmal niemand zu kümmern, aber um die Leerung des Briefkastens. Wir haben jetzt einen offiziellen Wohnsitz auf Madeira und alle amtliche Post kommt ab sofort in unser neues Domizil. Dazu gehört neben Grundbuch- und Steuermitteilungen auch die monatliche Wasserrechnung. Und die muss auf dem Gemeindeamt in bar beglichen werden. Das 21. Jahrhundert hat noch nicht in allen Bereichen Fuß gefasst.

Luis erklärt sich bereit, alle Verwaltungsaufgaben für unser Haus zu übernehmen. Dazu lassen wir ein offizielles Dokument bei unserer Anwältin für ihn erstellen, sozusagen eine Generalvollmacht für alle Belange unser Haus betreffend. Wenn wir ihn nicht hätten .....!, denken wir nicht zum letzten Mal. Er wird uns also auf dem Wasseramt und beim Stromversorger in Calheta anmelden und er will sich um den besten Anbieter für Telefon und Internet kümmern. Wir hinterlegen für seine Dienste mehrere Blankoschecks, die er nach Bedarf und Absprache einlösen kann, bestellen bei einem Baustoffhändler kurz vor unserer Abreise sämtliche Fliesen, Toiletten, Waschbecken, Dusche, Badewanne samt Armaturen, besprechen kleine Änderungen für den Innenausbau, und ...*Adeus* Madeira!

Über mehrere Monate werden wir nur sporadisch informiert,

was in unserem Haus voran geht. Luis hat keinen Fotoapparat, keinen Computer und kein Smartphone.

Und wir haben viel Vertrauen.

Der Überseecontainer – *o contentor*

Wir sind zurück in unserem deutschen Alltag und gehen unseren Tagesgeschäften nach, wie nach einem ganz normalen Urlaub. Doch die Abende, wenn wir vor unserem warmen Kachelofen sitzen, sind von Madeiragedanken und -gesprächen dominiert. Die wichtigste Frage, die uns umtreibt, ist: wie statten wir unser Ferienhaus aus? Das Stöbern in Möbelgeschäften auf der Insel hatte uns klar gemacht, dass wir dort nicht die Einrichtung finden werden, die wir bevorzugen. Traditionelles Mobiliar ist dunkel, schwer, verschnörkelt oder plüschig. Moderne Möbel sind supercool, mit viel Glas und Chrom, schwarz oder weiß oder schreiend grell. Also werden wir die Möblierung unseres Hauses in Deutschland »ausdünnen« und nach Madeira schicken. Aber wie? Und was?

Ich plädiere dafür ausgediente, aber noch gute Möbelstücke in unser neues Haus zu bringen. Mein Mann hält die hohen Kosten, die ein Transport mit sich bringen wird, dagegen. Er schlägt vor die »gute« Einrichtung nach Madeira zu bringen.

»Und dann leben wir hier in den nächsten Jahren mit einem zurückgelassenen Sammelsurium von Möbeln, die wir schon längst verschenken wollten? Das kann nicht dein Ernst sein?«

Wir kommen in dieser Frage nicht wirklich weiter und verlegen uns auf Überlegungen zum Transport. Seecontainer ab Hamburg oder Landfracht per LKW und Fährpassage ab Portimão, im Süden von Portugal, 3.500 Kilometer weit weg von Hamburg.

»Wer fährt den LKW?«

»Na wir!«

»Und was machen wir auf Madeira damit?«

»Wir versuchen ihn zu verkaufen.«

Ich halte diese Überlegungen für ziemlich unausgegoren. Bevor wir uns darüber streiten können, entdecke ich die Nachricht: »Die Fährverbindungen von Südportugal nach Madeira sind eingestellt worden.«

Es gibt keine Informationen, ob und wann sie wieder aufgenommen werden. Damit ist klar, wenn wir irgendetwas aus unserem Hausstand auf die Insel kriegen wollen, dann geht nur Seefracht mit Container. Wir versuchen es zunächst mit einer Beteiligung. Von unseren Ferienhausvermietern wissen wir, dass auch sie sich mit einer kleinen Fracht an einem Transport, der in Süddeutschland startet, beteiligen werden. Doch der Schweizer, der das Unternehmen organisiert, macht mir wenig Hoffnung, dass es noch Platz im Container geben wird.

»Vielleicht für zwei Matratzen. Die kriegen wir immer noch irgendwie unter.«

Toll! Ganz so spartanisch hatten wir uns unsere Einrichtung nicht vorgestellt.

Wir suchen im Internet unter den entsprechenden Begriffen Überseespediteure, die in Frage kommen könnten und lassen uns mehrere Angebote machen. Sehr ernüchtert müssen wir feststellen, dass wir mit unseren Vorstellungen, was ein solcher Transport kosten könnte, völlig blauäugig waren. Da kommen mit Packen und Versicherung fast 10.000 Euro zusammen.

»Packen können wir selbst,« sage ich dem Spediteur am Telefon. »Wir brauchen nur ein Angebot der Kosten für Transport und Versicherung.«

Er lacht, »Sie haben ja keine Ahnung wie ein Container gepackt werden muss. Und davon mal ganz abgesehen kann die Ware nicht versichert werden, wenn sie nicht fachmännisch gepackt wird. Dann versichern wir nur Totalverlust. Keine Beschädigungen.«

»Das heißt, nur wenn das Schiff sinkt oder die ganze Fracht über Bord geht?«

»Ja, genau.«

Es sind dann immer noch 6.000 Euro und unmögliche Bedingungen, wie zum Beispiel: Beladung des Containers mit Paletten innerhalb von zwei Stunden. Wie soll das gehen?

»Das müssen Sie schon selbst wissen, wenn Sie unsere Dienstleistung nicht in Anspruch nehmen möchten.«

Nun ja, wir wissen von einigen Madeira-Auswanderern, dass es auch anders geht. Über Gerhard, unseren Ferienwohnungsvermieter, bekommen wir Kontakt zu einem Herrn Taller, seines Berufes nach Reederei-Agent, der selbst Madeira-Fan ist und sich gerne um unser Anliegen kümmern möchte. Endlich kommen die Dinge ins Rollen. Herr Taller vermittelt über die OPDR – schon der Name klingt nach Fernweh: Oldenburg-Portugiesische-Dampfschiffahrts-Gesellschaft – ein wirklich gutes Angebot für 4.300 Euro für einen 20-Fuß-Container (6m lang, 2,5m breit und 2,5m hoch), alles inklusive. Nun können wir also mit unseren Überlegungen des »Was-nehmen-wir-mit?« konkreter beginnen.

Bei einem Kurzurlaub im Juni macht mein Mann eine Bestandsaufnahme des Innenausbaus auf Madeira. Zwei Wände im Erdgeschoss sind nach unseren Wünschen versetzt, die Verputzarbeiten abgeschlossen und die Fußbodenfliesen gelegt. Er beauftragt die von Luis empfohlene Tischlerei für die Anfertigung der Zimmertüren und der Treppe. Und es fehlen noch der Einbau der Badezimmer und die Malerarbeiten. Somit dürfte einem »Einzug« im Herbst nichts mehr entgegenstehen. Wir planen die Containerfracht für Ende September, buchen unseren Hin- und Rückflug und wollen 5 Wochen bleiben, um das Haus gemütlich einzurichten.

Ich habe mich mittlerweile überzeugen lassen, dass der teure Transport verlangt, nur gutes und brauchbares Mobiliar mitzunehmen. Wir werden sehen, ob wir mit den verbliebenen Sachen in Deutschland zurechtkommen oder ein paar Kleinigkeiten für unsere verbleibenden Jahre im Norden nachkaufen müssen. Wie in jedem Haushalt, der in die Jahre gekommen ist, hat sich viel angesammelt, wovon wir uns noch nicht trennen konnten, und es deshalb im Keller oder auf dem Dachboden gelagert hatten. Nun kommt alles wieder zu Ehren. Gutes Geschirr wird verpackt und das »Olle« wieder in die Küche integriert. Sofa und Sessel, die eigentlich für die erste eigene Bude unserer Kinder aufbewahrt wurden, werden im deutschen Haushalt wieder salonfähig. Zwei der antiken Schränke sollen mit, der Inhalt wird aufgeteilt. Es wird jedes Teil angefasst und entschieden, »das kommt mit, das bleibt hier«. Neu gekauft werden Bett, Matratzen und Elektrogeräte für

Madeira. Kochfeld und Spüle wollen wir auf der Insel kaufen, um sicher zu gehen, dass sie mit den Gas- und Wasseranschlüssen kompatibel sind. Wir verbringen mit der Packerei mehrere Wochen und es sieht schon ziemlich stark nach Umzug aus. Überall stapeln sich Kisten und Kartons, stehen Rollen von Plastiknoppenfolie bereit, werden Listen abgehakt.

Nebenbei muss das Prozedere für den Container abgestimmt werden. Herr Taller gibt uns den Termin für die Abfahrt des Containerschiffs vor: Dienstag, 18. September fährt das Vessel-Ship *Cadiz* von Hamburg über Rotterdam nach Madeira. Es wird 8 Tage unterwegs sein. Wir und unser Container werden also mehr oder weniger gleichzeitig eintreffen. Für den Papierkram mit der deutschen Zollbehörde gibt uns Herr Taller gute Hilfestellung. Für Madeira kann er uns nur den Agenten nennen. Das heißt, um die portugiesische Zollfreimachung werden wir uns selbst kümmern müssen.

Zur Beladung hat er uns ein tolles Angebot gemacht. Ein sauberer! (das kann man wohl nicht ohne weiteres voraussetzen) Container mit Holzboden (auch nicht die Regel) wird übers Wochenende vor unser Haus mit Kran-LKW abgesetzt werden. Wir haben also drei Tage Zeit unsere Ladung gut zu verstauen. Vorsichtshalber melde ich die Anlieferung des Containers bei unserer Gemeinde an, damit wir durch das Aufstellen von Halteverbotsschildern genügend Platz im Parkstreifen zugewiesen bekommen. Freitagmorgen erregt das Absetzen des Containers in unserem Wohngebiet große Aufmerksamkeit und die halbe Nachbarschaft steht auf dem Bürgersteig, um live zu erleben, was sie sonst nur aus der Serie »Die Auswanderer« kennt.

Wir laden zunächst nur die in Originalverpackung bereitstehenden neuen Haushaltsgeräte ein, denn die Helfer aus unserem Freundeskreis haben sich für den Samstag angesagt. Mein Mann holt aus dem Baumarkt noch einen ganzen Stapel Holzlatten und ein Kilo Schrauben, um im Laderaum Abteilungen bauen zu können. Falls das Schiff richtig Seegang hat, soll unser Hab und Gut nicht ins Rutschen kommen. Am Samstag sind also zwölf Leute

viele Stunden damit beschäftigt, die Einrichtung für ein 5-Zimmerhaus auf wenige Kubikmeter so zusammenzupferchen, dass sich nicht das kleinste Teil davon mehr bewegen lässt. Es bleibt am Ende des Tages noch ein klein wenig Platz für einen Küchentisch, der bestellt und noch nicht eingetroffen ist. Sonntags stopfen wir noch ein paar Kleinigkeiten in sichtbare Hohlräume, was länger dauert als das große Packen. Am Montag schafft es der Tisch gerade noch, bevor der LKW den Container abholen kommt …
Wir fotografieren und winken und haben ein seltsames Ziehen im Bauch. Wenn das mal alles gut geht!

Schon am Nachmittag kommt der erste Dämpfer. Herr Taller ruft an: »Die portugiesischen Hafenarbeiter sind in Streik getreten. Madeira schließt sich solidarisch an.«

»Was bedeutet das für uns?«

»Die *Cadiz* wird morgen nicht in Hamburg auslaufen, weil niemand sagen kann, ob nächste Woche im Hafen auf Madeira wieder gearbeitet wird.«

»Ach herrje, und nun?«

»Der Container ist zolltechnisch bereits abgewickelt und es wäre das Einfachste, er bleibt im Freihafen stehen. Er ist ja verschlossen und verplombt, da kann also nichts passieren.«

»Wann fährt denn das nächste Schiff?«

»Immer im Rhythmus von zwei Wochen. Wenn der Streik vorüber sein sollte, kann ihr Container am 2. Oktober auf die Reise gehen.«

Hmm, das ist ja nicht so toll. Aber was soll man machen?!

Wir müssen uns von unserer Planung verabschieden, dass wir sofort nach unserer Ankunft den Container in Empfang nehmen und unser Haus beziehen können. Wir brauchen also für die ersten Tage ein Hotelzimmer oder eine kleine Ferienwohnung. Diese Zusatzkosten hätten wir uns gerne erspart. Da kommt mein Mann mit seiner »Camping-Idee«.

»Wir nehmen unsere große Luftmatratze, dünnes Bettzeug und Campinggeschirr mit. Es ist doch noch Sommer auf Madeira!«

Ich bin nicht sehr begeistert. Allerdings finden wir in Calheta so kurzfristig keine freie Unterkunft. Da ruft Inge, die Vermieterin unserer bisherigen Ferienwohnung an und teilt uns mit, dass die Malerarbeiten in unserem Haus arg im Verzug seien.

»Ihr könnt da unmöglich wohnen. Luis und seine Leute schleifen schon seit Tagen die Wände, es ist irre staubig und der Endanstrich ist noch in keinem Raum gemacht. Aber ich habe auch eine gute Nachricht. Meine Gäste für nächste Woche haben abgesagt, ihr könnt die große Wohnung für eine Woche haben.«

Ich könnte sie küssen!

Wir fliegen also am 27. September wie geplant, doch diesmal erstmalig mit der portugiesischen Linie, der TAP, mit längerem Aufenthalt in Lissabon. Acht Stunden Aufenthalt reichen wunderbar für eine erste Entdeckungstour dieser schönen Stadt. Mit der Metro sind wir in weniger als 30 Minuten im Zentrum und verschaffen uns per Stadtrundfahrt einen Überblick. Ein leckeres Abendessen mit viel Fisch, noch ein bisschen bummeln und kurz vor Mitternacht sind wir wieder am Flughafen um die zweite Etappe nach Madeira zu machen. Nach einem kurzen Nachtflug nehmen wir in Funchal unseren kleinen Leihwagen in Empfang und fallen um halb drei Uhr morgens todmüde in weiche Betten.

Doch an Ausschlafen ist nicht zu denken: Inge weckt uns um halb acht, weil Luis mit dem »Steinmenschen« in unserem Haus auf uns wartet. Ich reibe mir die Augen, weiß im ersten Moment gar nicht, wo ich bin und was sie von uns will. Es hilft nichts. Mein Mann scheucht mich hoch und ohne Frühstück sausen wir zu unserem Häuschen.

»Ach du Sch…..«, ist mein erster Gedanke, als ich die Riesenbaustelle vor mir sehe.

Und mein zweiter: «Wie gut, dass der Container mit den Möbeln noch in Hamburg steht.«

Luis begrüßt uns freudig. Scheinbar ist er sich keiner Schuld bewusst, dass das Haus nicht bezugsfertig ist. Er stellt uns den »Steinmenschen« vor – gemeint war der Chef eines Natursteinbetriebs – und übersetzt Englisch-Portugiesisch unsere Wünsche für das Badezimmer und die Küchenarbeitsplatten. Der nimmt Maß und bittet, dass wir später in seinem Betrieb – gar nicht weit entfernt, aber noch nie bewusst wahrgenommen, die entsprechenden Qualitäten aussuchen. Vorher gibt es aber doch noch ein schnelles Frühstück, das bis zum späten Abend die einzige Mahlzeit bleiben sollte. Steinmetz, Fensterbauer, Baustoffhandlung, Baumarkt, überall gibt es noch Kleinigkeiten zu klären oder zu besorgen. Außerdem verfahren wir uns in Funchal, müssen noch Lebensmittel einkaufen und schaffen es gerade noch unsere Koffer auszupacken, bevor uns spät abends die Augen zufallen. War das ein Tag!

Es folgt ein ruhiges Wochenende. Niemand arbeitet an unserem Haus, also sind auch wir nicht gefordert. Es ist heiß, wir gehen schwimmen, Eis essen und tun so, als wären wir hier im Urlaub. Am Sonntag besuchen wir den Bauernmarkt in Prazeres, um Obst und Gemüse einzukaufen. Schon die Fahrt durch den duftenden Eukalyptuswald zwischen den beiden Dörfern ist ein Erlebnis. Fünf Kilometer windet sich die alte Regionalstraße zwischen Calheta und Prazeres sanft ansteigend. Rechts und links säumen, inzwischen verblühte, Agapanthus-Hecken die Straße. Weniger romantisch dagegen ist die Markthalle im Dorf. Wenige Stände in einem nüchternen Wellblechbau bieten Obst, Gemüse, Brot, Eingemachtes ausschließlich von den eigenen Feldern, Gärten oder Küchen an. Als wir im letzten Jahr erstmalig hierher fanden, war ich doch recht enttäuscht, denn südländische Märkte hatte ich als einen Rausch von Farben und Düften in Erinnerung, so wie wir es auch im *Mercado dos Lavradores* in Funchal gesehen hatten. Inzwischen habe ich mich an diese Schlichtheit gewöhnt und weiß zu schätzen, wie preiswert wir hier an gute, regionale Produkte kommen. Wir schleppen für wenige Euros vier volle Taschen mit Bananen, Mangos, Papayas, Maracujas, Weintrauben, Tomaten, Paprika, Gurken, Süßkartoffeln, Kürbis, Petersilie und Koriander und einem duftenden, frisch gebackenen Brot zum Auto. Ein anschließendes Kaffeetrinken im *Casa do Chá* in der nahen *Quinta pedagógica* rundet unseren Einkauf gemütlich ab. Das kleine Teehaus hinter der Kirche liegt in einem Kräutergarten mit Minizoo. Der Garten hält zwar einige olfaktorische Überraschungen bereit und ist auch seinem pädagogischen Auftrag gemäß beschildert, doch mir juckt es in den Fingern in die Beete zu steigen und mit Harke und Schere ein wenig Struktur in den Garten zu bringen. Ich kann mich beherrschen. Mein Mann erinnert mich daran, dass wir noch die Anlage unseres eigenen Gartens vor uns haben.

»Wenn wir nur schon so weit wären!«

Mit Wochenbeginn wollen unsere Handwerker alles aufholen, was eigentlich schon längst hätte fertig sein sollen. Am Montag Nachmittag können wir tatsächlich zwei Räume im Obergeschoss saubermachen. Das zweite Bad wird eingebaut und die Malerarbeiten im Erdgeschoss gehen gut voran. Es besteht Hoffnung, dass wir am Ende der Woche doch noch unseren »Camping-Urlaub« im leeren Haus machen können. Dann nämlich müssen wir unsere Ferienwohnung räumen.

Um schnellstmöglich den erwarteten Container mit unserem Inventar zum Haus zu bekommen, machen wir uns am Tag darauf auf zur Hafenagentur. Wir haben eine Verabredung mit Andreas, dem Schweizer, der schon etliche Containertransporte abgewickelt hat und treffen uns in Caniço bei Senhor Ricardo von der Agentur *Marfrete*. Zunächst gibt es die beruhigende Bestätigung, dass das *navio de carga*, das Containerschiff in Hamburg abgelegt hat und unser Container mit an Bord ist. Gestreikt wird auch nicht mehr. Aber: der Ankunftstag, der 9. Oktober, ist ein Feiertag. Wir schauen uns überrascht an.

»Wirklich?« fragt Andreas. »Von diesem Tag habe ich noch nie gehört.«

Senhor Ricardo klärt uns auf: »Es gibt auf Madeira viele regionale Feiertage. Dieser wird nur im Bezirk von Machico, zu dem der Hafen von Caniçal gehört, gefeiert. Wir werden sehen, was wir machen können!«

Inzwischen hat eine Mitarbeiterin zig Dokumente gestempelt, die Lieferadresse für den Container eingetragen und drückt uns nun jeweils eine Kopie der Speditions- und Zollformulare in die Hand. Das war es schon! Immer, wenn die Angelegenheit kompliziert scheint, geht alles ganz schnell und einfach – und umgekehrt!

»Wir werden Sie anrufen, sobald wir wissen wann der Container in der nächsten Woche ausgeliefert werden kann«, verabschiedet uns der freundliche Senhor Ricardo.

Gleich um die Ecke ist der Baumarkt mit den feinen Herren. Dort hatten wir im Januar eine Küchenspüle aus Silgranit entdeckt, uns ein *orçamento*, ein Angebot dafür geben lassen und nun möchten wir sie kaufen.

»Nein, diese Spüle haben wir nicht mehr. Auch nicht im Lager. Vielleicht in unserem Geschäft in Funchal.«

Das liegt auf unserem Rückweg nach Calheta. Doch wir können den Laden nicht finden. Wir irren mit dem Auto eine halbe Stunde durch enge Gassen. Nichts! Luis ruft an und sagt es gäbe ein kleines Problem, ob wir gleich mal zum Haus kommen könnten.

»Ach, wir dachten es gäbe nie Probleme, beziehungsweise sie wären nur dazu da sie zu lösen.«

Er druckst ein bisschen herum, und meint, es wäre gut, wenn wir heute noch zum Haus kämen. Also brechen wir unsere Einkaufstour ab.

»Lass es uns morgen noch mal mit der Küchenspüle versuchen. Wir haben ja noch etwas Zeit.«

Verlegen empfängt uns Luis: »Es sind nicht genügend weiße Fliesen für das hintere Badezimmer da.«

Das ist seltsam. Wir begutachten die vielen ungeöffneten Kartons, die in der Garage bereit liegen.

»...und was ist mit diesen?«

»Das sind die Falschen!«

Es stellt sich heraus, dass er beim Fliesen des vorderen Badezimmers, die weißen Fliesen verwendet hatte, die eigentlich für das hintere Bad gedacht waren. Das wäre ja nicht so schlimm, wenn er nicht mit den gleichen weißen Fliesen nun auch schon im hinteren Bad begonnen hätte. Zwei Wände sind noch nicht fertig und nun sind alle Fliesen dieses Designs verbraucht, und leider so schnell nicht zu bekommen.

»Sie müssen erst bestellt werden,« gesteht er mit reumütigem Blick.

»Können wir denn wenigstens die anderen 18 Kartons zurückgeben.«

»Nein,« haucht der arme Kerl und versinkt dabei fast in den Boden.

Ich befürchte, er bricht gleich in Tränen aus und setze schnell mein beschwichtigendes Gesicht auf.

»Ist schon ok, kann ja mal passieren.«

Ärgerlich ist es, aber ich will es mir nicht anmerken lassen. Luis ist so ein guter Kumpel, da müssen wir halt mal einen Verlust verschmerzen. Viel schwerer wiegt die Verzögerung der Fertigstellung. Vor einer Woche in Deutschland dachte ich nur ans Einrichten des Hauses, jetzt wird allmählich klar, dass wir bis zum Ende unseres fast sechswöchigen Urlaubs eine Baustelle betreuen und in wenigen Tagen auch bewohnen werden müssen.

Am Abend springe ich in das immer noch angenehm temperierte Meer, schwimme in der Bucht von Calheta von einem Sandstrand zum anderen, und lasse den Stress und Unmut im klaren Wasser von mir abperlen.

Am nächsten Tag schauen wir morgens erstmal zur Baustelle, um nicht wieder überrascht zu werden. Aber heute scheint alles gut organisiert zu laufen. Man braucht uns nicht! Wir starten den zweiten Anlauf für die Küchenspüle und wollen auch nach einem Gaskochfeld Ausschau halten. In Ribeira Brava, auf halbem Weg nach Funchal, entdecken wir im Vorbeifahren ein Elektrogeschäft.

»Halt an, die haben sicher auch Kochfelder.«

Der Laden ist dunkel. Überwiegend bietet er Lampen an, doch keine leuchtet, deshalb ist uns das Geschäft bisher noch nie aufgefallen. Auch heute sieht es geschlossen aus, doch die Tür steht auf und wir treten ein – in ein Kuriositätenkabinett! Ein scheuer Verkäufer begrüßt uns nebensächlich und vergräbt sich gleich wieder unter seinen Ladentisch mit den zig darauf gestapelten Kartons. Zwischen ziemlich verwegenen Möbeln und Dekorgegenständen stehen und hängen Hunderte von Lampen, die ebenfalls alle sehr extravagant aussehen. »Wer kauft denn hier so etwas?« denken wir beide laut. Dann erinnern wir uns, weshalb wir eigentlich hier sind und erkunden ein Stockwerk tiefer. Dort gibt es tatsächlich Haushaltsgeräte und, vollkommen verstaubt, unter einem Regal, entdecke ich genau die Küchenspüle, die ich haben wollte. Nun muss der Verkäufer doch aus seinem Versteck geholt werden.

»Der Preis für die Spüle...«, er kratzt sich am Kopf, bemüht seinen Kassencomputer, nennt uns nach langer Zeit einen akzeptablen Preis, und fügt gleich hinzu: »Es gibt Rabatt, 50 Euro.«

Toll, wir hatten überhaupt nicht danach gefragt. Also bitten wir ihn die Spüle nach oben zu bringen, weil wir sie kaufen möchten und fragen noch nach einem Gaskochfeld mit fünf Flammen.

»Nein, leider nicht.«

Er scheint untröstlich. Weniger, weil er kein weiteres Geschäft tätigen kann, sondern weil ich so enttäuscht schaue.

»Aber, vielleicht haben wir ein solches Kochfeld in unserem Geschäft in Funchal.«

Diesmal reagieren wir schlauer und bitten ihn, es doch nach Ribeira Brava liefern zu lassen. Wir zahlen die Spüle und hinterlassen unsere Telefonnummer. Er spricht Englisch, also soll er uns bitte benachrichtigen, wann wir wiederkommen sollen.

Zurück bei unserem Haus wartet doch eine Überraschung – diesmal eine Schöne! Luis hat uns den alten Toyota Pick-up seines Schwagers vor die Tür gestellt.

»Mein Schwager ist nach Venezuela gegangen, zum Arbeiten. Ich soll das Auto für ihn verkaufen, aber ihr könnt ihn erstmal fahren. Ich habe noch keinen Käufer und er steht nur herum.«

Luis weiß, dass wir mit unserem kleinen Leihwagen sehr unzufrieden sind. Die Kupplung schleift, der Scheibenwischer schmiert, der Reifendruck muss täglich neu geprüft werden.

Wunderbar, wir können das kleine, olle Fahrzeug nach der ersten Mietwoche zurückgeben und ab sofort einen Pick-up fahren. Das

23 Jahre alte Fahrzeug ist zwar lang und hat weder Servolenkung noch andere Bequemlichkeiten, aber wenn wir damit unterwegs sind, sind wir plötzlich keine Touristen mehr. Das fühlt sich gut an.

Gleich am folgenden Tag nutzen wir die große Ladefläche des Autos und bringen aus einer neu entdeckten Gärtnerei die ersten Pflanzen für den Garten mit. Jeder sucht sich seinen ersten Wunschbaum aus: mein Mann weiß seit unserem ersten Urlaub auf Madeira, dass er einen Baumfarn im Garten haben möchte und ich träume von einem Frangipani seit ich vor Jahren den Duft seiner Blüten – ich weiß nicht mehr wo – in die Nase bekommen habe. Dazu laden wir noch ein paar robuste Duftpelargonien ein, die sich später über die Mauer schwingen sollen und eine Zitronenverbene für den frischen Frühstückstee aus dem Garten.

Wir haben drei handwerkerfreie Tage vor uns, denn Freitag, der 5. Oktober ist portugiesischer Nationalfeiertag, *Dia da República.* Luis und seine Leute hatten noch ordentlich gewirbelt und nun kann unser Haus zum »Campen« genutzt werden. Wir verfügen immerhin über zwei Toiletten, eine Badewanne mit warmem Wasser, zwar kein Waschbecken, aber ein Bidet, keine Küche, aber einen Gartenwasserhahn. Für unseren Einzug bekommen wir von Inge ein paar Leihgaben: eine Elektrokochplatte und etwas Geschirr finden auf der Fensterbank der Küche ihren Platz. Ein Holztischchen und zwei Klappstühle stehen auf der »Terrasse« und zwei Sofakissen sind ein Minitribut an die nächtliche Ruhe auf der Luftmatratze. Wir betrachten es als kleines Abenteuer. Die Nachbarskatze auch, denn sie verzehrt klammheimlich unseren eingetüteten Mittagsimbiss, während wir völlig beseelt vor unserer zukünftigen Küche sitzen und aufs Meer schauen. Gut, dann werden wir uns am Abend halt ein schönes Essen in der Marina gönnen. Wir entscheiden uns für Pizza in der *Manifattura di Gelato.* Wie wir dort erfahren, ist es die letzte Pizza, denn Eisdiele und Restaurant gehen in die Winterpause. Winterpause? Für uns schwer vorstellbar, denn es herrschen 24 Grad nachts um zehn.

Als kleinen Trost schenken sie uns zwei Espressotassen, nachdem wir erzählt haben, womit wir uns noch einige Tage begnügen müssen.

Es ist Jahre, wenn nicht Jahrzehnte her, dass wir so minimalistisch lebten.

»Warum seid ihr nicht ins Hotel gegangen?« werden wir später mal von Freunden gefragt.

Ja, warum nicht? Wir müssen zugeben, dass uns dieser Gedanke kurz gestreift hat. Aber wir wollten einziehen in unser neues Haus, nicht mehr und nicht weniger.

Endlich können wir mal im »Bett« bleiben bis es hell ist. Trotz unbequemen Liegens auf einer Luftmatratze, die morgens kaum noch Luft hat, stehen wir erst auf, als die Sonne um halb neun über den Berg kommt. Wir sind keine Frühaufsteher und der späte Tagesbeginn auf Madeira kommt uns sehr entgegen. Es gibt für die nächsten zwei Tage nichts zu besorgen, nichts zu entscheiden. Wir widmen uns weiterhin dem Baustaub, der sich in den letzten Ecken der Fensterläden festgesetzt hat und bevor wir zum Schwimmen ans Meer fahren, werden noch die gekauften Duftpelargonien an den Zaun gepflanzt.

Weil wir nichts kochen können, wird jeden Tag ein neues Restaurant getestet. Also sind wir am Samstagabend in unserem Nachbardorf Jardim do Mar. Garten am Meer – ein wundervoller Name für ein kleines Dorf. Schon in den vergangenen Urlauben haben wir uns dort sehr wohl gefühlt. Enge, verwinkelte, kunstvoll gepflasterte Gässchen führen wie ein Labyrinth zwischen winzigen Häuschen hindurch. Das einzige geöffnete Restaurant finden wir in einem kleinen Hotel direkt am Dorfplatz. Mit Blick auf die untergehende Sonne lassen wir uns eine madeirensische Spezialität servieren: Filet vom schwarzen Degenfisch mit gebackener Banane und Maracujasoße, *Espada com banana e maracujá*. Köstlich! Ein Verdauungsspaziergang an der für den kleinen Ort etwas überdimensionierten Küstenpromenade bringt uns auf dem Rückweg am mit Lichtern und Girlanden geschmückten Kirchhof vorbei.

»Lass uns mal schauen, ob hier ein Fest ist,« und wir gehen der Musik nach.

Da sitzen Jung und Alt fröhlich schwatzend auf dem ádro, dem Platz vor der Kirche, auf langen Steinbänken. Auf einer winzigen Bühne, die mehr einem offenen Zirkuswagen gleicht, spielt eine Blaskapelle Evergreens und wir setzen uns dazu. Ein paar Leute beginnen im Kreis zu tanzen und unversehens fasst mich eine Hand und ich stolpere in unbekannte Schrittkombinationen hinein. Hätte man mich gefragt, hätte ich vermutlich abgelehnt mitzutanzen, aber so werde ich in diese Fröhlichkeit mit hinein genommen und empfinde nur: ist das schön, einfach so dazuzugehören! Noch ein Becher Wein und glücklich lassen wir uns später »Zuhause« auf die Luftmatratze fallen.

Nach einem so entspannten Wochenende freuen wir uns fast auf die Baustellen-Betriebsamkeit der beginnenden Woche. Ich putze den vierten Tag in Folge Fenster und Fensterläden, mein Mann muss an den »Schreibtisch« zum Arbeiten. Der wird aus dem klapprigen Gartentischchen, nebst Klappstuhl improvisiert, ein großer Karton dient als Ablage, Laptop drauf, Internet ist da – und er legt los. Nach zwei Stunden stürzt die Internetverbindung ab und meinen Mann in Verzweiflung. Luis bemüht sich nach Kräften einen Verantwortlichen der Telefongesellschaft herbeizuzitieren, vergebens. Da lernen wir endlich Tiago kennen, den neuen Elektriker, der uns bisher nur von den Rechnungen, die uns Luis von ihm vorgelegt hatte, ein Begriff war. Es wird noch mal alles durchgemessen, da kommt ein Anruf: Fehler beim Provider, in einer Stunde sollte alles wieder laufen. Mein Mann hofft, dass sich solche Malheurs nicht oft wiederholen, denn das könnte seine Freiberuflichkeit und damit unsere nächsten Aufenthalte doch sehr einschränken.

Erstmal gehen wir schwimmen, denn …. was soll man machen!
Am nächsten Tag, es ist der 9. Oktober, soll unser Containerschiff im Hafen von *Caniçal* auf Madeira ankommen. Inzwischen habe ich herausgefunden, was es mit dem regionalen Feiertag auf sich hat. Es ist die *Festa do Senhor dos Milagres,* eines der wichtigsten religiösen Feste des Bezirks Machico. Mit einer nächtlichen Kerzenprozession wird die wundersame Rettung einer Gottessta-

tue, die bei einer Überschwemmung im Jahr 1803 ins Meer gespült wurde, gefeiert. Nun hoffen wir sehr, dass uns der *Senhor Milagres* nicht bei der Auslieferung unseres Containers behindern wird. Ein Anruf bei der Schiffsagentur *Marfrete* stimmt uns froh. Das Schiff ist einen Tag früher als erwartet eingelaufen und bereits entladen.

»The container will be delivered tomorrow after lunch.«

Wir können also am Mittwoch ab 13 Uhr die Anlieferung unseres Containers erwarten. Nun sollten wir uns beeilen endlich die fehlenden Gerätschaften für unsere Küchenzeile zu bekommen, damit diese mit den Bauteilen, die im Container sind, zügig aufgebaut werden kann. Also ist wieder eine Fahrt nach Funchal angesagt, um das Gaskochfeld und einen Küchenwasserhahn zu finden. Letzteren entdecken wir überraschenderweise in einem Baumarkt. Exakt das Modell, das ich mir vorgestellt hatte. Schlechte Chancen haben wir allerdings mit dem Kochfeld. Die Bemühungen des Elektrogeschäftes in Ribeira Brava waren ergebnislos und bei einem Küchenausstatter, den wir nach zweistündiger Irrfahrt endlich entdecken, gibt es das gewünschte fünfflammige Modell nur als Muster in einer Vorführküche. Ich rede auf den Verkäufer so lange ein, bis er nachgibt und uns das Vorführgerät verkauft. Nur mitnehmen können wir es noch nicht. Wir bezahlen trotzdem sofort, denn wer weiß, ob man sich andernfalls gemüßigt sähe es auszubauen und uns in Kürze Bescheid zu geben.

Am nächsten Vormittag sind alle Handwerker freigestellt. Sie sollen sich für das Entladen des Containers bereithalten. Bis 14 Uhr passiert nichts. Wir versuchen die Agentur zu erreichen, vermutlich sind alle in der Mittagspause. Der dritte Anruf bei Senhor Ricardo von *Marfrete* glückt. »Der Truck wird in 30 Minuten in Calheta eintreffen.«

Wir machen uns auf dem Weg zu Luis' Garage, wo entladen werden soll. Und warten. Um 15.30 Uhr dann das nächste Telefonat mit *Marfrete*. Senhor Ricardo ist überrascht: »Jesus Christ, where is he?«

Er kann es sich nicht erklären, warum der LKW nicht längst

eingetroffen ist und verspricht sich zu kümmern. Noch eine halbe Stunde später kriecht das schwere Gefährt die steile Straße nach Estrela hinauf. Wir sehen ihn kommen und können es nicht glauben! Unser Container steht auf einem Kipper-LKW. Wie soll das denn gehen. Die portugiesischen Helfer sind ganz entspannt: »No problem, don't worry, it's easy.«

Ja, ja, wir haben verstanden. Wir sind die unerfahrenen, ängstlichen Ausländer. Das ist keineswegs böse oder abschätzig gemeint. Sie wollen damit nur kundtun, dass sie schon vor weit schwierigeren Aufgaben gestanden haben. Also gut! Der LKW wird an die Straßenseite manövriert, zwei der Helfer hebeln die Ladeklappe auf und der dritte ist schon mit der Flex oben und schneidet die Zollplombe durch. Die schweren Türen werden aufgedrückt und uns bietet sich der gleiche Anblick wie beim Schließen vor der Abreise. Es scheint sich kein Teil im Laderaum während der Überfahrt bewegt zu haben. Dann wird der Pick-up an den LKW herangefahren und als Entladerampe genutzt. Die Jungs sind flink und vorsichtig, und mein Mann und ich haben eher das Gefühl im Weg zu stehen als mit anpacken zu können. In weniger als zwei Stunden ist der Container leer und der LKW kann wieder abfahren. Unsere Möbel, Kisten und Kartons, die nun auf Luis' Hof stehen, werden auf zwei Pick-ups und Luis' Kleinlaster wieder aufgeladen und in mehreren Fahrten zu unserem Haus gebracht. Diese kurzen Transporte von einem Dorf zum anderen über die schlaglochreiche schmale Verbindungsstraße scheinen für unser Hab und Gut der weitaus riskantere Teil zu sein. Doch das Wetter ist noch immer freundlich und vor Einbruch der Dunkelheit haben wir alles trocken und sauber im Haus und in der Garage untergebracht.

Ich kann es noch gar nicht richtig glauben, dass dieses Unterfangen, das uns monatelang umgetrieben und viel Nerven und Geld gekostet hat, nun glücklich beendet sein sollte. Wir können bislang keine Schäden erkennen, kein Bruch, keine Kratzer, keine Scherben. Für heute reicht uns diese oberflächliche Einschätzung vollkommen. Wir packen nur noch die neuen Matratzen aus der Folie und lassen uns erschöpft darauf niedersinken – Luftmatratze ade!

Regen, Regen – *chuva, chuva!*

Zum Frühstück am nächsten Morgen überrascht uns unsere Nachbarin, *vizinha* Conceição, mit einem Einzugsgeschenk. Stolz präsentiert uns die alte Dame ein selbst besticktes Geschirrtuch mit Madeiramotiv für unsere neue *cozinha,* die Küche. Wir führen sie in unser Kisten- und Kartonchaos, um ihr zu zeigen, was da noch Küche werden soll. Sie plaudert munter mit etlichen Handbewegungen, aus denen wir übersetzen: so ist das eben, das wird schon,...

Als unsere Handwerker anrücken, ist ihnen der Einsatz vom Tag zuvor deutlich anzumerken. Sie wirken müde und lustlos. Luis hat zwei von seinen Leuten zu unserer Hilfe abgestellt, doch wir schicken sie mittags wieder nach Hause. Sie arbeiten heute so langsam, dass ich beim Zugucken ganz kribbelig werde. Die Möbel sind in den Räumen aufgestellt, es gibt nichts Schweres mehr zu tragen, also packen wir unsere Kartons lieber selbst aus. Wir haben ja noch ein paar Wochen Zeit uns hier einzurichten.

In der Küche haben wir jetzt neben einem schönen, großen, neuen Kühlschrank, Tisch und Stühlen, einen mittlerweile eingeräumten Geschirrschrank, eine Anrichte und ... erstmal nur die Basis für eine Küchenzeile von IKEA, die noch in Kartons original verpackt ist. Also geht Kochen und Spülen noch immer nicht, weil ja erst mal alles aufgebaut werden muss, was wir in Deutschland geplant und eingekauft haben. Dazu stehen noch Herd und Geschirrspüler, Spüle und zig Kartons kreuz und quer. Ein Chaos, das sich relativ leicht auflösen ließe, wenn wir uns nicht bei der Planung vertan hätten. Wir hoffen auf ein »don't worry, it's easy«, wenn am Montag unsere Handwerker wieder anrücken und machen lieber ein Garten-Workout. Mal eben schnell zwei Bäumchen pflanzen, dachten wir uns. Stattdessen verbringt mein Mann einen ganzen Nachmittag damit, zwei mittlere Pflanzlöcher für den Frangipani und den Baumfarn zu graben, während ich ein kleines Beet von 1x1 Meter für ein paar Lilien und Steppenkerzen herrichte. Die Madeira-Erde ist ein ganz anderes Kaliber, als der norddeutsche

Geest, der einem wie Sand durch die Finger rieselt. In diesem Garten haben wir es mit einem schweren Lehm-Ton-Gemisch zu tun. Dazu noch von großen Steinen durchsetzt.

Wir sind am Abend ein bisschen frustriert, dass wir so wenig geschafft haben. Zur Versöhnung mit den Widrigkeiten, fahren wir zum Essen. *O Precipício,* »Am Abgrund« heißt das Restaurant, das wir vor einem Jahr recht zufällig entdeckt hatten. Und tatsächlich thront es wie ein Adlerhorst mehrere hundert Meter über dem Fischerdörfchen Paúl do Mar. Von dort aus windet sich eine Serpentinenstraße durch eine Schlucht und mehrere alte Felstunnel mit immer wieder neuen, atemberaubenden Aussichten nach oben. Wir sind uns einig, dass es solch spektakuläre Anfahrten zu einem Restaurant wohl nicht so viele auf der Welt gibt. Und es sind nur wenige Kilometer, die wir dafür in Kauf nehmen müssen.

Wir sind die einzigen Gäste zum Essen und bleiben es auch während des ganzen Abends. Unsere Fleischspieße, *Espetadas*, sind köstlich und wir werden sehr freundlich bedient. Vor dem Restaurant allerdings, an der Bar, ist immer etwas los. Ein Kommen und Gehen. Als wir das Lokal verlassen, beginnt es zu regnen.

»*Chuva, chuva,*« freuen sich alle vor und hinter dem Tresen und wir erfahren, dass es seit vielen Monaten in diesem Teil der Insel nicht mehr geregnet hat. Wir denken an unsere frisch gepflanzten Bäumchen und freuen uns auch. Es regnet die ganze Nacht hindurch. Wir benutzen für den Einkauf auf dem Sonntagsmarkt zum ersten Mal einen Schirm. Und in der *Quinta pedagógica,* wo wir nach dem Marktbesuch unseren *chinesa* trinken, haben sie im Kamin ein Feuer angemacht. Es raucht mehr als es wärmt. Als wir gehen, sehen wir weshalb: die Sonne ist wieder da und heizt von außen.

Nach dem entspannten Wochenende wird ab Montag wieder richtig rangeklotzt. Fünf Handwerker sind an unterschiedlichen Stellen im Haus, im Garten und in der Garage gleichzeitig zugange. Mit unseren Wünschen für kleine Veränderungen kommen sie gut zurecht. Es wird halt ein bisschen hier und da getrickst, dann passt schon alles. Wir sind bei solchen Dingen ganz schmerzfrei und legen keinen Wert auf hundertprozentige Millimetergenauigkeit. Im Gegenteil: ich bin sehr froh über die kreativen Vorschläge des Tischlers Gustavo, der aus der verkorksten Küchenzeile eine wunderbare Einbauküche zaubert. Inzwischen konnten wir auch das Kochfeld in Funchal abholen und damit kann der Steinmetz das Aufmaß für die Granit-Arbeitsplatte nehmen. Es geht voran! *Graças os Deus!* Gott sei Dank!

Ein neues Problem deutet sich an, als ich einen Wasseranschluss in der Garage haben möchte. Meine Idee von den 60 Quadratmetern Autostellplatz einen Raum als Waschküche abzutrennen, ist aber leider nicht zu Ende gedacht.

»Eine Wasserleitung in die Garage zu verlegen ist keine große Sache, aber wo soll das Abwasser der Waschmaschine hin?«

Gute Frage! Unsere Sickergrube ist vor dem Haus, die Garage auf der anderen Seite des Grundstücks liegt tiefer. Das wird schwierig.

»Was können wir machen?«

Luis versteht sofort, dass ich nicht nach einer technischen Lösung frage, sondern nach einer praktischen. Er meint, er würde mal unsere Nachbarin Conceição fragen, die ihr Häuschen auf gleichem Niveau wie unsere Garage hat, ob wir das Waschwasser bei ihr mit einleiten können. Das ist mir ein wenig suspekt. Sein nächster Vorschlag wäre, wir lassen es einfach über den Weg den Berg hinunterlaufen. Jetzt müssen wir aber vehement einschreiten. Solchen Umweltfrevel machen wir auf gar keinen Fall. Bleibt also nur die aufwändige Lösung eine weitere *fossa*, eine Sickergrube zu schaffen.

»Aber wo?«

»Am besten in der Garage, dann brauchen wir keine Genehmigung dafür.«

Wir sind nicht sicher, ob das wirklich gesetzeskonform ist, fügen uns aber den inseltypischen Gegebenheiten und lassen Luis graben. Was soll man machen?!

Innerhalb von zwei Tagen ist der Betonboden aufgestemmt, die Armierung weggebogen, sechs Kubikmeter Fels und Geröll mit dem Bohrhammer herausgeholt, Innenwände aufgemauert und die Decke der Grube, beziehungsweise der Boden der Garage neu verschalt und mit Beton gegossen. Fertig ist die Sickergrube! Es hat sich wieder mal das »don't worry, it's no problem« bewahrheitet.

Am Ende der Woche sind alle Außenarbeiten vorerst abgeschlossen. Das Streichen und Fliesen der neuen Mäuerchen und Terrassen verschieben wir auf den Sommer, denn das Wetter schlägt um und der Herbst kommt mit viel Wind, Wolken und noch mehr Regen.

Es gibt ja im Haus auch noch viel zu tun und wir nehmen es zunächst mit Gelassenheit, dass sich die Sonne vorerst verabschiedet hat. Nur, dass die Küche nicht in Betrieb genommen werden kann, weil der Steinmetz die Arbeitsplatte noch immer nicht fertig hat – das nervt bei schlechtem Wetter. Mir wird mal wieder bewusst, wie komfortabel zu leben wir gewohnt sind. Fließendes Wasser in der Küche kennen wir als Normalzustand. Jetzt muss ich seit drei Wochen das Wasser zum Kochen und für den Abwasch aus dem Garten holen. Wenn es regnet ist das doof!

Dafür geht jetzt Wäschewaschen in der Garage. Die Waschmaschine ist angeschlossen. Sie steht zwar etwas verloren zwischen Betonmischer und Werkzeugkoffern, ungeöffneten Kisten und Gartengeräten, aber was soll's? Dass die gewaschene Wäsche bei gefühlten 150% Luftfeuchtigkeit nicht trocknet, ist das eigentliche Problem. Einen Wäschetrockner haben wir nicht. Überhaupt haben wir mit so viel Luftfeuchtigkeit nur theoretisch gerechnet. Wie es sich anfühlt und welche Auswirkungen es hat, wenn man mehrere Tage in so dicke Wolken eingepackt ist, dass wir das Nachbarhaus nicht mehr sehen können (und das ist nur 20 Meter entfernt!), das spüren wir jetzt zum ersten Mal.

Also fahren wir mal wieder nach Funchal und kaufen zwei *desumificadores,* Luftentfeuchter. Unser Wortschatz erweitert sich ständig mit den klimatischen Gegebenheiten: *está muito nublado* – es ist stark bewölkt, *chove* – es regnet, *vento fraco* – leichter Wind …

Am Abend werden die beiden Geräte im Haus in Betrieb genommen und noch vor dem Schlafengehen entleeren wir mehrere Liter Wasser, die sich andernfalls in Kleidern, Betten, Kissen und Decken, Papier und, und, und... gehalten hätten. Der muffige Geruch, der uns aus manchem Nachbarhaus bei geöffneter Tür entgegenschlägt, ist also der Effekt des subtropischen Klimas. Wir ahnen, dass die Luftentfeuchter weiterlaufen müssen, wenn wir abreisen, damit uns nach wochen- oder monatelanger Abwesenheit nicht Moder und Schimmel entgegenkommen. »Das wird sich ziemlich auf unsere Stromrechnung auswirken«, denken wir.

Da fällt uns ein, dass wir doch mal nachsehen könnten, ob wir nicht eine Rechnung im Briefkasten haben. Und tatsächlich hole ich zwei total durchgeweichte Briefe aus der Box. Wir können gerade noch entziffern, was wir für Wasser und Strom zu bezahlen haben: so gut wie nichts! Trotz monatelanger Bauarbeiten bewegen sich die Summen im ein- und zweistelligen Euro-Bereich. Wir können es kaum fassen. Nicht zum ersten Mal wird uns klar, dass wir auf Madeira mit sehr viel weniger Geld auskommen könnten als in Deutschland. Aber auf Dauer hier zu bleiben steht noch in weiter Ferne. Schade, wir fühlen uns hier schon sehr zu Hause.

Es stürmt weiterhin und der Regen peitscht waagerecht daher. Zeitweise müssen wir die Fensterläden schließen, weil das Wasser unter den Terrassen- und Balkontüren in die Räume drückt – und uns auf die Stimmung. Wir vermissen die Sonne! Als »Entschädigung« fahren wir ans wilde Meer, nach Jardim do Mar. Aus sicherer Entfernung, regenfest ausgestattet, beobachten wir die meterhohen Wellen, die über die breite Strandpromenade stürzen. Am Himmel türmen sich schwarze Wolkenberge, der Wind rüttelt am Geländer, an dem wir uns festhalten müssen Das Wasser donnert und schäumt wie ein rasendes, grau-türkises Ungeheuer unter uns. Das ist also der Atlantik, der uns vor einer Woche noch ruhig und glatt und tiefblau zum Schwimmen eingeladen hatte. Faszinierend und erschreckend zugleich. Wir ziehen uns auf einen Becher heißer Schokolade in die engen Gassen des Dorfes zurück und setzen uns zum ersten Mal in *Joe's Bar*. Die Kneipe ist Treff der Surfer-Szene, die sich in Jardim do Mar etabliert hat. Dieser Teil der Insel ist ein El Dorado für Wellenreiter. Die Küste schiebt sich hier weit hinaus mit flachem Grund, wie sonst kaum an anderer Stelle auf Madeira und so bauen sich die Wogen zu perfekten Wellen auf. Die Wellenbrecher zum Schutz der Strandpromenade machen allerdings selbst bei friedlicher See das Wellenreiten sehr gefährlich und nur noch für echte Könner möglich. Die sieht man nun bei Joe abhängen, denn bei diesem Seegang gehen selbst die harten Kerle nicht mehr ins Wasser.

Was wir noch sehen, ist der portugiesische Wetterbericht im TV, denn natürlich steht hier, wie in jeder Kneipe und fast jedem Restaurant, ein Fernseher. Und der sagt uns, dass der Sturm eine Kaltfront nach Mitteleuropa geschickt hat. In Süddeutschland wird der erste Schnee fallen und in Hamburg beginnen die frostigen Nächte. Auf Madeira wird sich das Wetter beruhigen und wir dürfen bald wieder mit Sonne und Temperaturen über 20 Grad rechnen. Wie schön!

Die nächsten drei Tage gehören dem *jardim*, unserem kleinen Garten. Während ich ein Bewässerungssystem für die Zeit unserer Abwesenheit installiere, beginnt mein Mann eine schattenspendende Pergola aufzubauen. Über den Winter wird sie nur als Stahlgerüst ohne Plane stehen, aber ich sehne mich schon der sommerlichen Hitze entgegen, die ich auf dem Gartensofa unter dem schützenden Dach verbringen werde. Doch das Gartensofa bleibt vorerst noch verpackt in der Garage. Für Mußestunden im Freien sind weder Zeit noch Temperaturen ausreichend gegeben. Ins Schwitzen gerate ich aber trotzdem, während ich entlang der Tropfschläuche schmale Gartenbeete mit kleinen Pflänzchen bestücke. Alle Stecklinge aus dem heimatlichen, deutschen Garten haben in den letzten vier Wochen Wurzeln geschlagen und ich kann bereits ein kleines Kräuterbeet mit Strauchbasilikum, Gazellenkraut, Zitronenthymian und verschiedenen Salbeisorten anlegen. Die winzigen Hibiskussträucher, Margaritenbüsche und Gazanien aus der Gärtnerei pflanze ich im Sonnenbeet vor der Küche rund um einen kleinen Drachenbaum. Noch wirken die Pflänzchen sehr verloren auf der grauen Kiesfläche. Ich bin gespannt wie lange es dauern wird, dieses Stückchen Land als Garten zu erkennen.

Der mobile Obst- und Gemüsehändler hat inzwischen auch schon bemerkt, dass das neue Haus belebt ist und fährt mittwochs mit lauter Musik bis vor das Gartentor. Fahrende Händler sind auf Madeira in den ländlichen Gegenden noch immer mit frischen Lebensmitteln, wie Hühnern, Fisch, Brot, Obst und Gemüse unterwegs. Ich bin entzückt, dass wir nach so kurzem Aufenthalt bereits als Bewohner wahrgenommen werden und kaufe bei ihm Auberginen, Gurken, Mangos, Weintrauben. Alles was der regionale Sonntagsmarkt nicht mehr anbietet.

Es lebt sich hier wie früher auf dem Land, als ich noch ein Kind war. Ich merke, dass mir das einfache Leben gut tut und möchte die Einkäufe im Supermarkt oder gar in der Stadt in den großen Zentren weitestgehend vermeiden. Es geht nur nicht immer. In dieser letzten Bau- und Einzugsphase fehlen doch noch oft Dinge, die wir in unserem Dorf nicht bekommen oder zumindest nicht wissen, wo wir das entsprechende Geschäft finden. Luis hat uns zwar schon viele abgelegene Läden gezeigt, doch sie alleine wieder zu finden, gelingt uns nur selten.

»Da war doch dieser Fliesenladen, der auch Außenwaschbecken hatte.«

»Du meinst den oben im Wald?«

»Ja. Findest du dorthin?«

»Ich glaube nicht.«

Es wird wohl noch einige Zeit dauern, bis wir selbständig unterwegs sein können und nicht für jede Schraube eine halbe Stunde nach Funchal fahren müssen.

Langsam beginnen wir die Tage bis zu unserer Rückkehr nach Deutschland zu zählen. Die Zeit wird knapp, und die Küche ist noch immer nicht fertig. Tiago, unser Gas-Wasser-Elektriker, bringt zur Verstärkung einen Kollegen mit. Tiago ist ein ganz feiner Handwerker. Er spricht sanft und leise, genug Englisch, damit wir uns verständigen können, arbeitet vorsichtig, aber zügig und, was er macht, funktioniert und sieht gut aus. Den Kollegen hätte er besser Zuhause lassen können. Beim Anschluss des Kochfeldes geht beinahe die Einrichtung in Flammen auf. Nur ein Eimer Wasser bewahrt uns vor ernstem Schaden. Kaum aufgewischt fliegen kleine Betonbrocken von der frisch verputzten Zimmerdecke, als er versucht einen Deckenstrahler anzubringen. Aus dem Badezimmer dringen zur gleichen Zeit Unheil verkündende Geräusche. Ich sprinte ins obere Stockwerk, da kommt mir schon eine Feinstaubwolke entgegen, die meine persönlichen Grenzwerte absolut übersteigt. Zum ersten Mal verliere ich meine Contenance. Luis, der dabei ist, eine bereits gefliese Wand wieder freizulegen, sieht mich völlig erschreckt an, entschuldigt sich immer wieder und versucht mir zu erklären, warum diese Aktion unvermeidbar war. Ich will es gar nicht wissen. Mit den Tränen kämpfend renne ich in den Garten, schnappe mir den Spaten und reagiere mich ab. Es regnet leicht, doch die zuletzt gekauften Hortensien und Wandelröschen müssen sowieso gepflanzt werden. Ich brauche Abstand zu Handwerkern! Nach vier Stunden – solange dauerte es bis ich die vier Pflanzen im Boden hatte – habe ich mich soweit abgeregt, dass ich das neuerliche Chaos Chaos sein lassen kann. Wir ziehen uns um und gehen essen. Diesmal suchen wir uns eine Fischkneipe in Madalena do Mar aus. Auf dem Rückweg von Funchal sind wir schon unzählige Male daran vorbeigekommen und haben uns immer gefragt, ob wir es wagen sollen dieses Restaurante *A Poita* mit den bunten Lichterketten mal auszuprobieren. Heute sind wir mutig, vielleicht weil wir frustriert und hungrig sind. Erstaunt stellen wir fest wie voll die Gaststube ist und nehmen an einem der Tische auf der geschützten Veranda Platz. Der Regen trommelt auf das leichte Dach. Aber es ist ja immer noch sehr mild, trotz schlechten Wetters, so dass wir lieber draußen sitzen. Wir bekommen eine frische weiße Papiertischdecke und schon sieht der schlichte, ramponierte Tisch appetitlich aus. Eine junge Frau bemüht sich auf Englisch unsere Getränkebestellung aufzunehmen und bittet uns dann an die Vitrine, um uns die tagesfrischen Fische zu zeigen.

Auf einem dicken Eisbett liegen schwarzer Degenfisch – *Espada*, ein großes Stück eines Tunfischs – *Atum*, Doraden – *Douradas*, Papageienfisch – *Bodião* und Napfschnecken – *Lapas*, die wir unbedingt probieren sollten. So mutig sind wir dann aber doch nicht. Dieses Nationalgericht sparen wir uns für einen späteren Zeitpunkt auf.

Wir schielen auf die Tische der anderen Gäste und entscheiden uns für einen Fischeintopf, *Caldeirada do Peixe*. Es geht in diesem Lokal wirklich sehr einfach zu: das Wasser gibt's nur in Plastikflaschen, zur Weinkaraffe bekommen wir allerdings Gläser. Der Fischtopf wird direkt aus dem offenen Feuer des Holzofens im geschwärzten Aluminiumtopf auf den Tisch gestellt. Als wir zu essen beginnen, haben wir die fehlenden, üblichen Vornehmheiten eines Restaurants völlig vergessen. Das Gericht schmeckt köstlich, der Wein ist gut, die Stimmung der übrigen Gäste heiter bis lustig. Die anschließende Rechnung bekräftigt, dass wir hier nicht zum letzten Mal essen waren.

Unsere Handwerkerrechnungen, die uns am nächsten Tag präsentiert werden, fallen dagegen erheblich höher aus als erwartet. Wir haben uns wohl ein bisschen verschätzt mit unseren vielen Änderungen: hier noch eine Mauer, da noch einen separaten Garagenzugang, eine gemauerte Madeirabank und zwei große Pflanztröge auf der Terrasse, mehrere Wasseranschlüsse im Garten, der Umbau der verplanten Küche und hundert andere Kleinigkeiten. Die Liste der Arbeiten, die wir gerne noch gemacht haben wollen, muss bis zum nächsten Jahr liegen bleiben. Nur die Küche wird noch gebrauchsfähig gemacht und zwei Glastüren müssen im Obergeschoss eingesetzt werden. Dann ist erst mal Schluss!

Eine »Amtshandlung« fehlt noch, dann wollen wir ein paar Tage Urlaub machen. Wir müssen eine Versicherung für das Haus und den Inhalt abschließen. Von Inge lassen wir uns einen Versicherungsmakler in Calheta empfehlen, der allerdings nur Portugiesisch spricht. Mal wieder vertrauen wir darauf nicht betrogen zu werden, denn wir werden einen Vertrag unterschreiben, dessen Inhalt wir nur rudimentär erfassen. Immerhin reicht unser Wortschatz aus, um Senhor Agostino unsere Vorstellungen zu vermitteln und so grundsätzliche Dinge wie Umfang und Wert des Hauses und der Einrichtung, Haftung bei Diebstahl, Feuer und Wasser, und die Höhe der Versicherungsprämie zu verstehen. Der Makler ist sehr freundlich und geduldig mit uns. Wir bitten darum, dass man uns nach Vertragsabschluss die Versicherungspolice in Deutsch oder Englisch zukommen lässt, was angeblich kein Problem sein soll, weil wir eine europaweit tätige Versicherung gewählt haben. Wir zahlen sofort für das erste Jahr die Prämie bar und dürfen unseren Vertrag gleich mitnehmen. Noch ahnen wir nicht, wie bald wir die Versicherung schon in Anspruch nehmen müssen.

Nun bleibt uns noch eine Woche auf Madeira, und unsere Tochter kommt zu Besuch. Sie kennt das Baustellenleben aus Kindertagen und ist sehr verwundert, wie wohnlich wir es doch schon haben. Das ist in diesen ersten Novembertagen auch wirklich wichtig, denn das schlechte Wetter bleibt uns erhalten. Es regnet fast ununterbrochen, die Wolken hängen bis auf Meereshöhe. Die Versuche, unser erwachsenes Kind für die schöne Insel zu begeistern, sind erfolglos bei einer maximalen Sicht von fünfzig Metern. Gut, dass die Hauptstadt Funchal mehrere Shopping-Center zu bieten hat. Wenigstens bei dieser Unternehmung bleiben wir trocken und können ihre schlechte Laune ein wenig heben.

Ein trotziger Ausflug in den Nordwesten – der Himmel schien sich eines Morgens aufzuhellen – endet in einem heftigen Unwetter, als wir über die Hochebene *Paúl da Serra* wieder zurückfahren. Umgestürzte Bäume auf der ohnehin schon sehr ruppigen Bergstraße, Mengen von Geröll und große Steine machen die Abfahrt zur Küste zu einem wahren Hindernisrennen. Kurz vor Ankunft bricht plötzlich golden die Sonne durch – und wir haben einen platten Reifen.

»Abenteuerurlaub hatte ich eigentlich nicht bei euch erwartet,« ist ihr lakonischer Kommentar.

Wir waren nicht mit dem madeiratauglichen Pick-up von Luis unterwegs, weil drei erwachsene Menschen in einem Zweieinhalbsitzer-Toyota mehr als beengt sitzen. Also hatten wir uns wieder einen Kleinwagen von Auto-Filipe geliehen. Keine gute Entscheidung! Seine Verleihautos müssten eigentlich längst ausgemustert oder zumindest ab und an mal richtig gewartet werden. Jedenfalls stehen wir mit unserer Reifenpanne ein bisschen verloren in Schlamm- und Wassermassen, denn die Radmuttern sitzen fest. Mit dem Radkreuz, das beim Reservereifen zu finden ist, lässt sich gar nichts ausrichten. Wir rufen Filipe an und er verspricht schnelle Hilfe. Gesagt, gekommen. Es ist verblüffend: egal wie desolat das Material ist oder unzuverlässig die Dienstleistung im Allgemeinen gehandhabt wird, wenn du in Not bist, ist sofort einer zur Stelle. Filipe rückt also mit einem Helfer an, bringt uns sicher nach Hause, der andere kümmert sich um das Auto und stellt es am Abend mit einem gewechselten Rad bei uns vor die Tür. Dass dieser Reifen eiert und noch weniger Profil hat als die anderen, wundert uns wenig. Was soll man machen?! Er fährt ja wieder!

Zwei Tage vor unserer Heimreise nach Hamburg – es regnet immer noch – will Luis zusammen mit Gustavo unsere beiden Glastüren einsetzen., die mit dem Container aus Deutschland original verpackt mitgebracht wurden. Wie immer glauben die beiden das schnell erledigt zu haben, was natürlich nicht klappt. Ich hatte die Idee, am Abend eine kleine »Einweihungsparty« mit allen Beteiligten der letzten Wochen zu feiern und lasse mich durch zwei portugiesische Handwerker, die nicht fertig werden, in meinem Plan nicht beirren. Als die ersten Gäste kommen, sind unsere zwei Jungs, die ja eigentlich auch zu den Gästen gehören, immer noch mit der zweiten Tür beschäftigt. Wir führen alle durch das Haus, lassen uns gerne bestätigen, wie schön es geworden ist und wollen gerade auf den »Einzug« anstoßen – da gibt es eine Explosion im Haus. Ich springe die Treppe nach oben. Gustavo steht in unsrer Kleiderkammer mit einem Türgriff in der Hand und einem sehr verstörten Gesichtsausdruck. Luis kniet vor einem Haufen von Glasscherben und blutet. Ich bin völlig fassungslos. Langsam drehe ich mich um, gehe langsam wieder die Treppe hinab und sage zu den anderen, die mich angstvoll ansehen: »Das war die Glastür!«

Während ich mich in meiner Schockstarre auf das Sofa sinken lasse, erfassen mein Mann und eine Freundin den Ernst der Situation und laufen in die erste Etage hoch. Was war passiert? Noch während Luis von uns – ich bin inzwischen wieder »aufgewacht« – notverarztet wird, erzählt er den Hergang des Unglücks: »Es war so gut wie alles fertig. Wir haben die Glastür angehoben und wollten sie mit den Scharnieren auf die Türangeln gleiten lassen. Gustavo justierte von oben, ich von unten. Da hörte ich plötzlich ein Brausen und Zischen. Ich dachte ein Windstoß hätte das Fenster aufgeweht und drehte den Kopf nach hinten, um nachzusehen. Dann gab es diesen Knall.«

Welch ein Glück, dass er den Kopf zur Seite gedreht hatte. In seiner Haut am Hals und am linken Arm stecken zig kleine Glassplitter. Nicht auszudenken, was passiert wäre, wenn sie ihm frontal ins Gesicht und in die Augen geflogen wären. Gustavo hat kaum etwas abbekommen, weil er stehend und mit langer Hose und langärmeligen Hemd gearbeitet hatte. Wir möchten Luis mit seinen vielen kleinen Wunden und Glassplittern, die wir nicht entfernen können, in die Ambulanz bringen, doch es ist ihm unangenehm.

»Gustavo fährt mich. Ihr habt doch Gäste und wollt heute feiern.«

Als ob uns jetzt danach zumute wäre. Aber er lässt sich nicht davon abbringen, dass er keine Begleitung möchte. Und so machen wir uns daran, die ehemalige Tür in einen großen Sack zu fegen. Die Glassplitter sind meterweit geflogen, wir finden sie im Schlafzimmer im Bett, in den Wäscheborden, in der Badewanne, einige stecken im hölzernen Türrahmen, andere in der Zimmerdecke. Die Fußbodenfliesen haben lauter kleine Löcher. Die Scheibe muss mit einer heftigen Wucht zerborsten sein. Uns ist klar, dass die beiden Handwerker keine Schuld trifft. Aber wie konnte es dazu kommen? Während des ganzen Abends dreht sich das Gespräch mit den Gästen nur darum, jedoch ohne echte Erkenntnis.

Die erhalten wir erst später, als wir von ähnlichen Erfahrungen im Internet lesen. »Glastüren, die ohne Fremdeinwirkung explodieren« sind ein viel diskutiertes Thema. Mal sehen, was der deutsche Hersteller dazu sagen wird. Und wie die Versicherung reagieren wird. Das Wichtigste jedoch ist, dass Luis keine ernsthafte Verletzung davon getragen hat. *Graças os Deus!* – Gott sei Dank! Er begleitet mich am Tag darauf sogar zum Versicherungsmakler um mit mir die Schadensmeldung aufzugeben. Es ist mir schon ein wenig peinlich, wenige Tage nach Vertragsabschluss mit einem Schadensfall vor der Tür zu stehen. Aber es ist ja nun mal passiert.

Luis beunruhigt mich mit seiner mysteriösen Idee, dass im hinteren Badezimmer Geister gestört wurden.

»Schon als ich den Estrich für den Fußboden dort schütten wollte, gab es Probleme. Er wollte nicht hart werden. Dann haben wir die Fliesen für dieses Badezimmer vertauscht. Als Nächstes war die Badewanne zu klein und wir mussten eine Ablage improvisieren. Als Tiago die Armaturen anbringen wollte, fehlte am Waschtisch die Warmwasserzuleitung. Jetzt dieses Unglück mit der Glastür. Wer weiß, was als nächstes passiert?!«

Ich sage ihm, dass ich unsere Freundin in Deutschland nach dem Feng Shui für diesen Raum fragen werde. Davon versteht er nichts, aber er glaubt auch, dass man die Geister beruhigen kann. Was ist er doch für ein außergewöhnlicher Mann!

Im Winter – *no inverno*

Während wir Weihnachten in Deutschland mit der Familie verbringen, machen Freunde aus Hamburg Urlaub in unserem neuen Haus. Sie müssen sich zwar mit ein paar Behelfsmäßigkeiten abfinden, trotzdem sind sie begeistert. Etliche Jahre haben sie Weihnachten und den Jahreswechsel, wie so viele Norddeutsche, in Dänemark verbracht. Die warme und sonnige Alternative auf Madeira scheint zu überzeugen, denn wir hören erste Ideen von einem Hauskauf. Sie sind beide keine Wanderer, aber dem Reiz dieser Insel können auch sie sich nicht entziehen. Das wohltuende Winterklima, die Ruhe, die großartige Landschaft – unsere Freunde können sehr wohl nachempfinden, was uns nach Madeira gezogen hat. Sie berichten nach der Rückkehr nach Deutschland mit glühenden Augen von ihrem wunderbaren Urlaub.

Wenige Tage später sitzen wir wieder selbst im Flieger, mit der Aussicht die nächsten Besucher auf Madeira zu begrüßen. Kerstin und Conrad, bekennende Kreta-Fans, wollen ebenfalls den Winter abkürzen und haben in Jardim do Mar für zwei Wochen ein Ferienappartement gebucht. Wir fliegen am gleichen Tag, aber mit verschiedenen Airlines. Die Freunde mit der TAP über Lissabon, wir mit AirBerlin über Düsseldorf. Wir scheinen alle vier nicht den besten Tag für eine Flugreise gewählt zu haben. Das Sicherheitspersonal in Hamburg war in einen unbefristeten Streik getreten und wir hatten Sorge, ob wir überhaupt starten können. Am Abflugmorgen hat sich die Lage zum Glück wieder entspannt und wir sitzen pünktlich im Flugzeug. Das aber bleibt am Boden, weil sich mehr Passagiere als Sitzplätze in der Maschine befinden.

»Aus Platzgründen werden zwei Passagiere das Flugzeug wieder verlassen. Das Gepäck muss gesucht und aus Sicherheitsgründen ausgeladen werden.« So die Durchsage.

»Na, das kann dauern. Hoffentlich erreichen wir unseren Anschlussflug in Düsseldorf!« gebe ich zu bedenken.

Wir bekommen jedoch sehr bald die beruhigende Durchsage,

dass alle Mittel- und Langstrecken-Anschlussflüge auf die Maschine aus Hamburg warten werden. In Düsseldorf werden wir auch sofort von einer Stewardess in Empfang genommen und im Laufschritt durch den Flughafen zu unserem Gate gebracht. Ich darf Caddy fahren, denn ich bin mit Gehstützen unterwegs. Meine Kniearthrose hatte sich in den letzten Wochen verschlimmert, das Gelenk schmerzt und ist stark angeschwollen.

Alles klappt und mit ein ganz klein wenig Verspätung landen wir in Funchal. Wir halten Ausschau nach unseren Freunden, deren Maschine dreißig Minuten vor unserer angekommen sein müsste.

»Vermutlich sind sie noch an einem Schalter der Mietwagen-Verleiher,« meint mein Mann.

Wir können sie in der überschaubaren Ankunftshalle nirgends entdecken und schauen vorsichtshalber noch auf die Anzeigentafel der *chegadas,* Ankünfte.

»Ups, heute ist noch keine einzige Maschine der TAP aus Lissabon angekommen. Mal sehen, ob wir dazu eine Information bekommen.«

Während ich mich in die lange Schlange an der Information einreihe, kommt bei meinem Mann die erklärende SMS an: »Lande- und Startverbot in Lissabon wegen Sturm, sitzen jetzt in Porto fest, keine Ahnung wie es weiter geht.«

Wir hatten eigentlich geplant, gemeinsam mit dem Leihwagen der beiden nach Calheta und weiter nach Jardim do Mar zu fahren. Nun müssen wir uns etwas anderes überlegen. Wie immer ist Luis der Retter in schwierigen Situationen.

»No problem, I will pick you up in one hour!«

Was würden wir nur ohne ihn machen?! Er kommt mit dem alten Pick-up seines Schwagers, den wir während unseres Urlaubs wieder fahren dürfen. Während der Fahrt können wir schon mal unsere nächsten Haus- und Gartenprojekte mit ihm besprechen. Es sind ja beim letzten Aufenthalt einige Arbeiten aus Zeit- und Kostengründen aufgeschoben worden, die wir in den kommenden vier Wochen gerne erledigt haben wollen.

Bei unserer Ankunft im Haus erwartet uns eine unangenehme

Überraschung: es gibt kein Wasser! Nicht nur bei uns, der ganze *Lombo* ist trocken. Luis hatte uns im letzten Jahr schon dazu geraten einen Wassertank anzuschaffen, jetzt könnten wir ihn gut gebrauchen.

»Es passiert nicht mehr so oft wie früher, dass der Druck für die Wasserversorgung nicht ausreicht. Doch vor allem an den Wochenenden kommt es noch manchmal vor. Ihr solltet einen Tank von mindestens 500 oder 1000 Litern haben.«

Er hat Recht! Wir haben es ja selbst gesehen, dass beinahe jedes Haus einen Wassertank auf dem Dach hat. Das kommt also auch noch auf unsere to-do-Liste. Wir haben ein kleines Flachdach auf dem hinteren Badezimmeranbau, das sich hervorragend dafür eignet.

Für die nächsten Stunden müssen wir allerdings ohne fließendes Wasser über die Runden kommen. Wir kaufen mehrere Liter Trinkwasser im Supermarkt und holen uns von Gerhard zwei 10-Liter-Kanister für die Katzenwäsche und die Toilettenspülung.

»Gut, dass Kerstin und Conrad nicht bei uns wohnen, sondern ein eigenes Ferienappartement gemietet haben.«

Sie sind mit sieben Stunden Verzögerung endlich auf Madeira gelandet und wir verabreden uns in Calheta, um sie in Empfang zu nehmen. Die liebe Kerstin ist noch immer ganz grau im Gesicht und möchte am liebsten nicht mehr über ihren »Katastrophenflug« sprechen. Unser Flieger scheint eine andere Route genommen zu haben, wir hatten jedenfalls von einem Unwetter gar nichts mitbekommen. Nun wollen wir aber doch wissen, warum deren Flug so lange gedauert hat. Conrad hat sich mittlerweile wieder davon erholt und berichtet:

»Unser erster Landeanflug auf Lissabon war schon sehr schlimm. Das Flugzeug schlingerte auf die Stadt zu und als die Landebahn zu sehen war, startete der Pilot durch und wir hörten die Durchsage, dass eine Landung aufgrund der starken Seitenwinde nicht möglich wäre. Der Flieger drehte nach Norden, um eine halbe Stunde später sehr unsanft in Porto zu landen. Weil keiner wusste, wann es weitergehen sollte, mussten erst mal alle im Flugzeug bleiben. Nach einer Stunde hieß es dann, wer aussteigen wolle, um seine Reise mit der Bahn fortzusetzen, werde gebeten, dies zu tun. Für alle anderen und auch uns hieß das, weiter zu warten. Immerhin brachte man uns Getränke und einen Schokoriegel. Nach einer weiteren Stunde sagten sie uns, dass es für den Flughafen Lissabon wieder eine Landeerlaubnis gibt und wir starteten. Der Flug war furchtbar. Das Flugzeug wurde hin- und hergeschüttelt, fiel zigmal in irgendwelche Luftlöcher, ich glaube, dass die meisten dachten nicht lebend unten anzukommen. Als wir in Lissabon nach dem Aufsetzen auf der Landebahn nochmals wieder durchstarteten, drehten einige Passagiere durch. Sie fingen an zu schreien und zu weinen, manche übergaben sich. Beim nächsten Landeanflug knallten wir ziemlich hart auf, aber wir kamen wie durch ein Wunder unbeschadet zum Stehen. Leider war Lissabon nicht unser Ziel, wir mussten ja noch weiter. Ich musste Kerstin wirklich lange beruhigen, bis sie sich bereit erklärte in den Flieger nach Madeira einzusteigen. Dann war aber alles gut. Ein ruhiger Flug hier rüber, eine sanfte Landung – und jetzt habe ich tierisch Hunger.«

Kerstin, der die Angst immer noch zwischen den Augen sitzt, meint, sie würde heute keinen Bissen mehr hinunterkriegen. Wir kaufen erstmal ein paar Kleinigkeiten ein und begleiten die beiden zu ihrer Unterkunft. Sie haben in der Agentur in Calheta nur die Adresse und den Hausschlüssel bekommen, doch wir finden die Ferienwohnung recht schnell in dem kleinen Dorf Jardim do Mar. Während die beiden ihre Räume inspizieren, krame ich das Kochgeschirr hervor, koche Nudeln mit Tomatensoße für alle, dazu gibt es ein Glas Rotwein und schon sieht die Welt wieder freundlicher aus. Wir stehen auf der Terrasse, schauen aufs Meer und hören das Wellenrauschen.

»Vergesst den Flug, jetzt beginnt euer Urlaub!«

Dann machen wir uns auf den Heimweg. »Gute Nacht, wir holen euch morgen Vormittag ab zum Bauernmarkt in Prazeres.«

Es ist mir eine unendliche Freude am Sonntagmorgen wieder auf diesem eigentlich recht schmucklosen Markt einkaufen zu können.

Wir füllen unsere Taschen mit Obst, Gemüse, frischem Brot und Eiern – und einem großen Kohlkopf. Mein Mann wundert sich: »Was willst du mit diesem Ungetüm?«

»Der kommt auf mein schmerzendes Knie.«

»???«

Ich habe mich an ein altes Hausmittel zur Linderung meiner Knieschmerzen erinnert und will kalte Weißkohlauflagen machen.

Mehrmals täglich walke ich ein Blatt saftig und lege es zusammen mit einem Eisbeutel auf mein dickes Knie. Nach wenigen Tagen kann ich mich zumindest ein wenig um unseren Garten kümmern. Aus dem deutschen Pflanzen-Winterquartier – als Stecklinge im Koffer per Fluggepäck transportiert – sollen Duftpelargonien, afrikanisches Basilikum, verschiedene Fruchtsalbei-Sorten und Myrten auf Madeira Einzug halten. Es ist ein Versuch! Angeblich wächst auf Madeira zu jeder Zeit alles.

Also suche ich mir eine Knie schonende Position entlang des Tropfschlauchs, den ich im Herbst für die ersten Sträucher und Bäumchen gelegt hatte, und stecke über mehrere Meter dünne Hölzer und Triebe zum Bewurzeln in die Erde. Um durch den Kies und die Unkrautschutzfolie zu kommen, nutze ich sehr unübliches Gartenwerkzeug. An jedem Tropfloch des Schlauchs schlage ich mit einem langen Erdnagel und einem Hammer Löcher in den harten Boden und schiebe das Hölzchen hinterher. Wenn diese Methode funktioniert, wird das meine Pflanzenvermehrung revolutionieren, und das Grundstück kann sich schnell zum Garten entwickeln. Erste Wachstumserfolge können wir ja bereits bei unserem ersten Ableger erkennen. Als Starter hatte ich vor einem Jahr eine handgroße Schwanenhals-Agave, die mir durch einen fremden Gartenzaun »entgegengekommen« war, wurzellos ein Stück weit unter die Schutzfolie geschoben. Ohne Pflege und Bewässerung hat sie sich inzwischen auf ein Salatkopf-Maß vergrößert. Vermehrt haben sich allerdings auch die Wildkräuter. Was sich auf der Folie ausgesamt hat, kann ich leicht entfernen. Aber auf dem Beet mit den Lilien wuchert Vogelmiere – aha, die gibt es also auch auf Madeira. Sie darf noch ein paar Tage weiter wachsen, mein Knie braucht erst mal wieder einen Eisbeutel.

Ich lasse mich auf der Bank vorm Haus nieder und male mir in Gedanken meinen künftigen Garten. Mit den Myrtenstecklingen möchte ich ein Rosenbeet umgeben – ein alter Traum von mir, seit ich vor fast vierzig Jahren den Garten der Alhambra in Granada besucht hatte. Eine Myrtenhecke! Meine Zimmermyrte in Deutschland muss also kräftig wachsen, damit ich viele Stecklinge nach Madeira mitbringen kann. Ich schließe die Augen, die Sonne strahlt und wärmt, und ein ganz zarter Windhauch bringt Energie in diesen verträumten Nachmittag.

Meine Kohl/Eis-Behandlung wirkt, und nach einer Woche können wir uns mit den Freunden immerhin schon mal in Jardim do Mar zum Abendspaziergang treffen. Im *Portinho*, der kleinen Strandbar am östlichen Ende der breiten Promenade lässt es sich danach herrlich auf dicken Kissen lümmeln und den schönsten Sonnenuntergang mit einem Drink genießen. Wundersame Heilung auf Madeira!

Levadawanderung:
Levada do Paúl

Das Wochenende bleibt sonnig und nun möchte ich meinem Knie endlich mal wieder eine Wanderung zutrauen. Wir suchen uns eine steigungsfreie Levadatour an der Südseite der Hochebene *Paúl da Serra* aus, die an einer *Cristo Rei* Statue beginnen soll. Wir stellen unser Auto am Forsthaus *Posto Florestal Covo Grande* ab, in Erwartung eine monumentale Christusstatue am Einstieg zur *Levada do Paúl* vorzufinden. Doch auf Madeira ist eben alles etwas kleiner. Hinter dichtem Gebüsch steht auf einem Steinsockel eine kleine weiße Christusfigur, dahinter weiden etliche Kühe. Das war's!

Wir stapfen los auf einem sehr beschaulichen Weg durch gelb

blühende Ginsterbüsche und grüne Wiesen, über kleine Bäche in Richtung eines riesigen Solarfeldes auf den sanft abfallenden Hängen, hin und wieder begleitet vom Geräusch der Rotoren der Windräder, die oben auf der Hochebene drehen. Ansonsten ist es total still, keine Menschenseele weit und breit. Ab und an sehen wir einen Greifvogel über uns kreisen, ein Kaninchen springt erschreckt auf, Frösche hüpfen in das sanft dahin fließende Wasser der Levada. Kühe, die träge widerkäuend auf dem schmalen Pfad breit gemacht haben, weichen ohne zu zögern ins aus und lassen uns passieren. Solange die Sonne uns wärmt, gehen wir ohne Jacke. Doch als am Nachmittag Wolken aufziehen, spüren wir, dass wir auf 1300 Höhenmetern unterwegs sind – und, dass Winter ist.

Der letzte Tag im Januar ist auch der letzte Urlaubstag für unsere Freunde. Er entwickelt sich zum ersten »Sommertag« des Jahres. Nach einem langen, gemütlichen Frühstück auf unserer Terrasse fahren wir ans Meer. Die beiden gehen schwimmen, wir halten nur die Füße ins Wasser. 18 Grad Wassertemperatur sind uns nicht genug.

Mit fangfrischen Doraden fahren wir zurück zu unserem Haus, machen auf der Terrasse Feuer, grillen die Fische und genießen das unglaubliche Glück des Augenblicks.

Unsere Freunde verabschieden sich, nicht ohne ebenfalls nach einem Ferienhaus Ausschau gehalten zu haben. Wir sind sehr gespannt, wie sich diese Ferienlaunen in der deutschen Alltagswirklichkeit halten werden. Ein Ferienhaus, dazu noch auf einer so abgelegenen Insel weit draußen im Atlantik? Da muss man schon viel Geld übrig haben oder – wie bei uns – das Auswandern als langfristiges Projekt verfolgen. Das Aussteigen scheint ja vielen Menschen im Urlaub durch den Kopf zu gehen. Bei nüchterner Betrachtung wieder Zuhause überwiegt jedoch fast immer der vernünftige Gedanke: wovon sollen wir leben, solange wir noch nicht im Rentenalter sind? Das ist auch für uns der Grund, weshalb wir in den nächsten Jahren nur einige Winterwochen hier verbringen können. Zum Auftanken und zur Abwendung einer weiteren

Verschlimmerung meiner rheumatischen Beschwerden. Aber ich sehe mich bereits jetzt als Residentin auf Madeira. Ich weiß, dass ich dort leben möchte, meine Jahre nach der Berufstätigkeit auf dieser Insel verbringen will – und, ich habe einen Mann, der das genauso sieht. Bis es soweit sein wird, sind noch etliche Fragen zu klären und Hürden zu überwinden, doch daran wollen wir jetzt noch nicht denken. Wir sind glücklich, dass wir als europäische Bürger die Möglichkeit haben, frei zu reisen, uns im Land unserer Wahl aufhalten oder niederlassen zu können und, wenn wir es wollten und es einen Bedarf gäbe, auch auf Madeira arbeiten und Geld verdienen dürften. Großartige Voraussetzungen, wenn man den Mut hat, den ersten Schritt zu tun. Kleine Schritte werden folgen: die Sprache lernen, uns in die Nachbarschaft integrieren, den Kontakt zu anderen Residenten finden und wer weiß, was für Möglichkeiten der Lebensgestaltung entdecken.

Vizinha Conceição, unsere Nachbarin, hat Geburtstag. Es dauert eine ganze Weile, bis wir begreifen, was sie uns eines Vormittags mitteilen möchte. Doch dann steht sie plötzlich mit einem Kuchen und einem Tetrapack Mangosaft bei uns auf der Terrasse und malt uns eine 85 in die Luft. Sie hat sich fein herausgeputzt und zusätzlich ein kleines Krönchen aufgesetzt. Klar, es ist Karneval! Vielleicht ist das seit Jahren schon ihr Geburtstagsspaß, sich zu verkleiden. Ich hole Gläser und Kuchenteller und wir setzen uns, mit einem Wörterbuch, zusammen vors Haus. Sie plaudert und plaudert und auch ich versuche auch ein paar portugiesische Sätze, aber sie versteht mich nicht. Ich bin nicht ganz sicher, ob ihre Schwerhörigkeit oder mein Portugiesisch das Problem sind.

Viel einfacher verläuft tags darauf mein erster Besuch beim Friseur, besser: bei der Friseurin.

»Queria cortar minha cabela!« wie ein Mantra spreche ich die vier Worte auf dem Weg zum Salon vor mich hin. »Ich möchte meine Haare schneiden lassen.«

»O hello! Nice to see you!. I'm Sofia.« Der kleine Frisiersalon ist nur fünf Gehminuten von unserem Haus entfernt und natürlich weiß hier jeder im Dorf, wer die beiden neuen Bewohner sind, einschließlich der Friseurin – und die spricht Englisch. Es sieht nach vielen Kunden aus, doch ich werde sofort auf den Frisierstuhl gebeten. Nein, das ist keine Vorzugsbehandlung, die drei anderen Frauen sind nur zum Schwatzen da. Und während Sofia meine Haare wäscht und schneidet und frisiert, bekomme ich gratis ein bisschen übersetzten Dorfklatsch zu hören: dass die Tochter der einen nächste Woche heiratet, dass der Mann der anderen noch immer arbeitslos ist, dass gestern die trächtige Kuh des Nachbarn ausgerissen ist, dass der Sohn in Schweden Heimweh hat, aber wenigstens Arbeit. »Ja, ja, die Krise! Schlimm, schlimm!« Mit mir wird Smalltalk gemacht: »Gefällt es Ihnen auf Madeira? Ja, das Klima lieben alle Deutschen. Pflanzen Sie auch Gemüse im Garten? Oh, Sie lieben Blumen. Ich auch, sie müssen sich mal meinen Garten ansehen.« Natürlich alles auf Englisch!

»Sieht gut aus,« meint mein Mann, als ich wieder nach Hause komme. »Sie hat also verstanden, was du wolltest.«

»Nicht nur das, wir haben uns prächtig unterhalten.«

Ist es nun Fluch oder Segen, dass auf Madeira jeder zweite Englisch spricht? Zunächst erleichtert es den Einstieg, aber ich befürchte es wird auf Dauer das Portugiesisch-Sprechen-Lernen behindern.

Der Karneval auf Madeira bedeutet gleichzeitig unser Urlaubsende. Wir können uns nur noch den großen *Cortejo Alegórico* anschauen, denn am Faschingsdienstag, wenn die traditionelle »Tölpel-Parade« stattfindet, sind wir bereits auf dem Rückflug nach Deutschland.

Für das Spektakel nach brasilianischem Vorbild rüsten wir uns diebstahlsicher aus. Wir haben ja keine Ahnung, wie es auf großen Veranstaltungen in der Hauptstadt zugeht. Aber den Zug der Tänzerinnen und Tänzer über die *Avenida do Mar* wollen wir mindestens einmal miterlebt haben. Nach einem Abendessen in einer der kleinen Gassen der Altstadt stellen wir uns eine Stunde vor Beginn des Umzugs an die Avenida und sind sehr überrascht. Funchal ist definitiv nicht Rio de Janeiro! Hier sammeln sich Familien mit Kindern, junge Leute, alte Leute, Touristen, Polizisten, die mit den Zuschauern scherzen, Pfadfinder, die Mineralwasser verkaufen. Kein Gedrängel, keine aufgeheizte Stimmung – alles richtig brav. Und so präsentiert sich auch die Parade: fröhlich, bunt, ausgelassen. Klar, dass die jungen Mädchen und Frauen mit knappen Kostümen und Federboas auf den geschmückten Wägen die Hingucker des zwei Kilometer langen Zuges sind. Doch auch das tanzende »Fußvolk« ist phantasievoll kostümiert. Und nun ahnen wir auch, weshalb wir in Calheta in den vergangenen Wochen heißen Sambarhythmen und portugiesischen Hits ausgesetzt waren, die nachmittags über die *Lombos* hallten. Das waren die Proben für den *Cortejo Alegórico*. Jetzt dürfen die Kinder und Jugendlichen zwischen den Sambagruppen und Themenwagen auf der *Avenida do Mar* ihre einstudierte Choreografie in Szene setzen. Einigen ist es anzumerken, dass man dazu nicht nur Freude am Tanzen, sondern auch eine gute Kondition haben sollte. Am Ende sieht man es ihnen an, wie anstrengend der kilometerweite und stundenlange Tanz unter Palmen und Lichterketten sein kann.

Ein letzter Ausflug vor der Rückreise ins winterkalte Deutschland lockt uns in einen der Orchideengärten. Relativ jung ist der mitten in Funchal gelegene *Jardim Orquidea* – und relativ schwierig zu finden. Anfang der 1990 Jahre hat das österreichische Orchideenzüchterpaar Josef und Marianne Pregetter eine neue Heimat für seine exotischen Kostbarkeiten auf Madeira gefunden und den kleinen Garten für Besucher geöffnet. Als wir nach halbstündiger Irrfahrt durch Funchals enge Gassen endlich vor der richtigen Adresse stehen, sind wir erstmal ein wenig enttäuscht. Der Eingang ist eher schlicht. Wo wir die Eintrittkarten erwerben, werden kleine unscheinbare »Grünlinge« zum Verkauf angeboten. Über ein paar Treppen durch eine eher unspektakuläre Bepflanzung gehen wir hoch zu den *estufas,* den Gewächshäusern – und tauchen ein in einen Rausch der Blüten, Farben und Formen. Wir vergessen den grauen Februartag, wir vergessen, dass wir mitten in der Stadt sind und fast vergessen wir den Mund vor lauter Staunen wieder zuzumachen. Was auf dieser kleinen Parzelle zwischen hohen Mauern von dem Züchterehepaar Pregetter vollbracht wurde, ist nicht weniger, als einen Dschungel zu schaffen, in dem sich über 50.000 Orchideen in 4.000 Arten im Blühen übertrumpfen. Sie wachsen in der Erde, in den Bäumen, hängen an zarten, meterlangen Stängeln wie ein Vorhang über uns, sind von einem vollkommenen Blau, Rot, Gelb, Weiß oder gefleckt, gestreift, gepunktet, geflammt. Sie sind definitiv nicht zu beschreiben, denn der Sinneseindruck ist unbeschreiblich. Man muss sie gesehen haben, und man muss zur richtigen Zeit kommen, denn im Sommer blühen sie nur vereinzelt. Ich überlege gar nicht erst eine Jungpflanze mitzunehmen, obwohl ich mich beim Pflanzenkauf sonst nur schwer zurückhalten kann. Aber ich weiß, dass unser Sonnengarten auf Madeira nicht orchideentauglich ist und auch die Fensterbank in Deutschland nur die plumpe Phalaenopsis-Sorte gedeihen lässt. Lieber komme ich im nächsten Winter in diesen wundervollen Garten zurück.

Anmerkung: der prächtige Jardim Orquidea ist im August 2016 leider vollständig den verheerende Bränden in Funchal zum Opfel gefallen

Die Zollbehörde – *a alfândega*

»Wir brauchen unbedingt ein eigenes Auto auf Madeira!«

Es ist absehbar, dass unsere Winteraufenthalte auf der Insel eher länger werden und wir scheuen die Kosten eines guten, und damit teuren Mietwagens für mehrere Wochen ebenso wie die Aussicht auf Fahrten mit einer Billigkarosse, die uns in den Bergen im Stich lassen könnte. Die Erinnerung an den kleinen Chevrolet Matiz, der uns bei einer Fahrt entlang der Nordküste ganz schön ins Schwitzen brachte, weil er die Steigung nicht schaffte und weder die Fuß- noch die Handbremse hielt, sind uns noch sehr präsent.

Es war unser zweiter Urlaub auf Madeira, diesmal im Spätsommer. Eine Fahrt an die Nordküste, wo es noch keine Schnellstraßen und modernen Tunnel gibt, sollte uns in das pittoreske Örtchen Santana bringen. Kurz nach dem Küstenort Arco de Sao Jorge zwang uns eine Straßensperrung auf eine Umleitungsstrecke. Nach einem Erdrutsch war die Hauptverbindung verschüttet, und weil man monatelang mit der Sicherung des Hangs zu tun hatte, war eine Behelfsstrecke in einen gerodeten Bergkegel »geschnitten« worden. Das war nun die Umleitung. Mit Ampelschaltung einspurig zu befahren und lapidar ein Schild aufgestellt: 28% Steigung.

Der kleine Chevrolet hätte den Berg wohl geschafft, wenn wir nicht in einer der Kurven zum Anhalten genötigt worden wären. Vier Autos vor uns hatte jemand seinen Motor abgewürgt. Leider hielt weder die Fußbremse, noch die Handbremse das Auto in dieser Steigung. Wir rollten ganz langsam rückwärts. Ich, geistesgegenwärtig und mit frühkindlicher Alpenerfahrung, sprang aus dem Auto, das sich Richtung Abhang bewegte, schnappte mir den nächsten Stein vom Straßenrand und klemmte ihn unter ein Hinterrad. So gesichert, sank unser Adrenalinspiegel auf ein Maß, das wieder rationale Gedanken zuließ. Wie kommen wir von der Stelle? Mit viel Geschick und etwas Mut brachte mein Mann das kleine Auto in der steilen Serpentine zu einer Wende und damit zu einer sicheren Abfahrt, heraus aus der Umleitung. Santana sollten wir erst zwei Jahre später zum ersten Mal besuchen.

Die Idee, ein gebrauchtes Auto auf Madeira zu kaufen, hatte sich bislang als wenig brauchbar erwiesen. Wir hatten schon so viele Autohändler abgeklappert und kein Fahrzeug gefunden, das wir beide leiden mochten und das in einem guten Zustand zu einem akzeptablen Preis zu kaufen gewesen wäre. Gerne sollte es ein Geländewagen sein, mindestens aber 4-Rad-Antrieb haben, nicht zu alt, wobei wir hier gar keine deutschen Maßstäbe anlegen wollten – und »schön« sollte er sein. Allerdings verstehen mein Mann und ich nicht unbedingt das Gleiche unter diesem Begriff. Schwierig, bei dem begrenzten Angebot auf der Insel.

»Also sollten wir doch in Deutschland nach einem gebrauchten Landrover, am liebsten einen Defender schauen und uns schlau machen, wie wir ihn am besten auf die Insel bringen,« schlägt mein Mann vor.

Wir sind uns darüber im Klaren, dass der zweite Teil dieser Idee vermutlich der Schwierigere sein wird. Da taucht als erstes die Frage auf: Fahren – hmm, mehr als 3000 km bis Portugal, dann das Fahrzeug aufs Schiff verladen und einen Flug nach Madeira für uns beide buchen – nicht so gerne!

Oder Schiffstransport von Hamburg aus. Das würde einen zweiten Container bedeuten und hätte damit den Vorteil, dass wir noch einiges anderes, was uns für Haus und Garten noch fehlt, mit dazu laden könnten.

Mein zweiter Einwand ist, dass wir mit einer Einfuhrsteuer rechnen müssen, wenn wir das Auto nicht bereits mindestens ein halbes Jahr in Deutschland angemeldet haben.

Mein Mann ist bereits ins Defender-Such-und-Kauf-Fieber gefallen, bevor alle Fragen abschließend geklärt sind und als ihm so ein kleiner »Schwarzer« in einer Verkaufsanzeige begegnet, packt er die Gelegenheit beim Schopf, und ein sehr martialisch aussehendes Fahrzeug steht bald vor unserer deutschen Haustür. Meine Begeisterung hält sich in Grenzen, aber meine

Vernunft sagt mir, dass sich dieses Auto auf Madeira sicher gut bewähren wird.

Gleichzeitig lernen wir ganz zufällig, dank Internet und meinem Madeira-Blog, Volker kennen. Er möchte in einem halben Jahr einen Container nach Madeira in unser Nachbardorf schicken, wo er sich ein Haus gekauft hat.

Als uns auf Anfrage auch noch der deutsche Zoll bestätigt, dass wir nach EU-Recht ein Privatfahrzeug steuerfrei nach Portugal einführen dürfen, scheint alles perfekt zu sein.

Anfang Oktober, also noch vor der Sturmsaison, soll der Transport von Stralsund aus losgehen, wo Volker zu Hause ist. Unser »Schwarzer« hat eine Anhängerkupplung, und so befördert mein Mann mit einem Freund das Auto und einen voll beladenen Anhänger Richtung Osten. Dort fährt er den Defender in den bereit stehenden Container und verstaut unter, neben, über und hinter dem Wagen kistenweise meine Pflanzenschätze, die auf Madeira eine neue Heimat finden sollen. Er hat inzwischen ja durchaus Übung im Verladen und wir sind sehr zuversichtlich, dass auch bei diesem Transport alles heil ankommen wird.

An einem Montag wird der 12 m lange 40-Fuß-Container von einem LKW abgeholt und in den Hamburger Hafen verfrachtet. Dort werden die Zollpapiere geprüft, vielleicht auch stichprobenartig in den Container geschaut – »eher nicht, wenn's nach Madeira geht«, meint ein Insider, und dann, wie beim letzten Transport auf ein kleines Frachtschiff der OPDR verladen. Acht Tage wird das Schiff brauchen, bis es durch den Ärmelkanal und über den Atlantik im Hafen von Caniçal auf Madeira ankommen wird.

Während also unser Auto übers Meer schippert, fliegen wir darüber hinweg und kommen ein paar Tage vor der geplanten Ankunft des Frachters auf der Insel an. Andreas, der Schweizer, hatte uns angeboten bei der Einfuhrdeklaration zu helfen und das wollen wir gerne vor Ankunft des Schiffes erledigen, um böse Überraschungen zu vermeiden.

Andreas holt uns ab, und wir fahren gemeinsam nach Funchal zur *Alfândega*. Die Zollbehörde ist eine fast furchteinflößende, grau-schwarze Trutzburg am Ende der wohl prächtigsten Straße der Hauptstadt, der *Avenida do Mar*. In einem Seitenflügel, nahe der berühmten Markthalle, befindet sich »unsere« Behörde. Ein paar Stufen hoch, durch eine monumentale, messingbeschlagene Schwingtür – und wir stehen in einem vergangenen Jahrhundert. Ein schmaler Gang zwischen mannshohen, dunklen Holzwänden, die Luft ist heiß und stickig. Aus den Schreibstuben (die Bezeichnung Büro wäre unangemessen modern), in die wir durch die Türöffnungen hineinschauen können, dringt ein intensiver Geruch nach Schweiß, feuchtem Papier und Moder. Wir sehen nur Stapel von Dokumenten und Aktenordnern, die sich auf Schreibtischen türmen und aus schweren, hölzernen Wandregalen quellen. Andreas führt uns zum Raum des *despachante*, und jetzt beim Hineingehen können wir sehen, dass sich hinter dem Papiergebirge tatsächlich auch ein Mensch befindet, der auf unseren freundlichen Gruß ein kaum hörbares »*boa tarde*« antwortet, ohne den Kopf zu heben. Wir stehen zu dritt vor diesem überladenen Schreibtisch und unser Freund erklärt unser Anliegen auf Portugiesisch. Der *despachante* Senhor Ricardo, ein behäbiger Mann mit großen, runden Kulleraugen, nickt und murmelt etwas, das wir als Aufforderung verstehen ihm die Fahrzeug- und Zollpapiere aus Hamburg zu geben. Dann hören wir mehrmals »*bastante, bastante*«. O je, ich ahne bereits, dass mehr auf uns zukommt als wir uns vorstellen wollen, und setze mich vorsichtshalber auf den einzigen, wackeligen Holzstuhl, der im Raum vorhanden ist. Es werden große Bücher herausgeholt, mehrere Listen verglichen und sogar ein Computer bemüht, dessen Tastatur unter etlichen Formularen verschüttet war. Nach einer gefühlten Ewigkeit – vielleicht war es eine knappe Stunde oder mehr – schlägt Senhor Ricardo alle Bücher und Akten wieder zu und verkündet uns strahlend die Summe, die die autonome Republik Madeira von uns an Einfuhrsteuer für einen 13 Jahre alten Landrover Defender haben möchte. Sechzehntausend Euro! Gut, dass ich schon sitze!

Dann kämen noch etliche kleinere Gebühren für die Anmeldung, Nummernschild, etc. hinzu und wir hätten sechs Monate Zeit für alle Ämtergänge.

»Und es gibt keine andere Möglichkeit?« Mir fällt gerade keine intelligentere Frage ein.

»Doch! Sie geben ihren Wohnsitz in Deutschland auf und melden sich mit erstem Wohnsitz auf Madeira an. Dann bezahlen Sie nur 8.500 Euro, weil Sie das Auto in Deutschland erst ein halbes Jahr gefahren haben.«

Wir sind viel zu schockiert, um noch weitere Fragen zu stellen, bzw. unseren Informationsstand mit dem von Senhor Ricardo abzugleichen. Selbst unser Freund Andreas, der schon mehrmals mit der Behörde zu tun hatte, um eigene Fahrzeuge oder die von Freunden einzuführen, ist sichtlich geplättet.

Doch dann fällt Senhor Ricardo noch eine weitere Möglichkeit ein: wäre der Defender ein Nutzfahrzeug mit nur 2 Sitzen, dann hätten wir »nur« 6.000 Euro zu bezahlen. Andreas meint, dass dies alles nicht wirklich EU-rechtskonform ist, aber auf Madeira gelten eben eigene Gesetze.

Trotzdem wollen wir diese dritte Möglichkeit gleich heute noch auf dem Straßenverkehrsamt klären lassen und landen bei Senhor Ivo. Obwohl auch er angeblich nur Portugiesisch spricht, kann er aus unserem deutschen Kfz-Schein ersehen, dass sechs Sitzplätze eingetragen sind.

»Ändern? Nein, das geht nicht, da ist nichts zu machen.« Damit ist auch diese Möglichkeit perdu.

Da wir gerade so gut im Flow sind und auch an der richtigen Stelle, möchten wir gleich auch unseren Motorroller kraftfahrzeugamtlich auf Madeira legalisieren. Dieser kam ja bereits mit dem ersten Container auf der Insel an und sollte eigentlich schon längst, nämlich auch binnen Halbjahresfrist umgemeldet worden sein. So richtig ernst hatten wir das bislang nicht genommen, aber nach den Scherereien, die wir mit der Einfuhr des Autos haben, sehen wir ein, dass auch bei diesem Fahrzeug endlich die Nummernschilder von Deutsch auf Portugiesisch getauscht werden müssen.

Wir ziehen also unsere zweite Mappe aus der Tasche und Andreas erklärt, dass wir ein weiteres Fahrzeug auf Madeira anmelden wollen. Seltsam, zum Kfz-Schein des Defenders konnte uns Senhor

Ivo sofort Auskunft geben, aber für die Vespa braucht er eine halbe Stunde um sich durch unsere Papiere zu arbeiten. Dann bekommen wir zwei Ausfertigungen einer *Ficha técnica* und eine langen Satz von Anweisungen: mit der *Ficha técnica* müssen wir wieder zurück zum Zollamt, zu Senhor Ricardo. Der wird von uns ca. 30 Euro kassieren und uns einen Stempel geben. Außerdem brauchen wir einen Stempel von einem Piaggio – Händler, weil wir keine technische Spezifikation vorlegen können. Der Roller ist mit seinen 17 Jahren zu alt dafür. Was das alles soll begreifen wir nicht, denn wir haben alle Papiere, die man für Kauf und Verkauf, An- und Ummeldung in Deutschland braucht, dabei. Egal, wir sind hier im Ausland – also weiter. Wenn wir beide Stempel haben, können wir uns ein Nummernschild besorgen – »Wo?« »Überall!« – und wieder zurückkommen ins Straßenverkehrsamt. Dann wird uns eine Werkstatt zur Inspektion vorgeschrieben, und dann endlich können wir unseren Roller im Rathaus von Calheta, der *câmara,* ordentlich anmelden. Angeblich folgt danach keine weitere Amtshandlung mehr auf Lebenszeit.

»Unserer oder der des Rollers?« frage ich ganz leise, so dass es keiner hört. Und laut: »Lass uns erstmal was trinken gehen, sonst bekomme ich heute keinen klaren Gedanken mehr in den Kopf. Das war alles doch ein bisschen viel für einen Tag.«

Im *centro comercial Dolce Vita* sind wir wieder im modernen Leben angekommen. Nur wenige Schritte über die Straße empfängt uns ein lichtdurchflutetes Einkaufszentrum mit kleinen Cafes und Snackbars. Unter künstlichen Palmen können wir uns bei einem Kaffee über alles Mögliche unterhalten, nur das Thema Auto bleibt ausgespart. Wir haben ja 180 Tage Zeit eine Lösung zu finden. So lange dürfen wir mit den deutschen Nummernschildern auf der Insel fahren, ohne eine Gebühr oder Steuern zu bezahlen. Und noch schaukelt der Landrover ja im Containerschiff draußen auf dem Atlantik. Es soll ein Witz sein, aber der Gedanke, dass das Schiff vielleicht untergeht, kommt in dieser Situation nicht ungelegen.

Solange das Auto noch nicht an Land ist sind wir also erstmal mit unserem Motorroller mit dem deutschen Kennzeichen unterwegs, wenn wir kleinere Einkäufe machen oder ans Meer zum Schwimmen fahren – alles kein Problem, solange es nicht regnet. So auch am Tag nach unserer Behörden-Odyssee: wir schauen am Nachmittag bei Senhora Marícia herein, einer freundlichen alten Dame aus unserem Dorf Estreito da Calheta, die wir von unseren sonntäglichen Einkäufen auf dem Markt kennen. Wir wollen uns ein Grundstück für unseren Freund aus Hamburg ansehen. Marícia spricht perfekt Englisch und hatte uns erzählt, dass sie in Kürze zu ihren Töchtern nach Südafrika übersiedeln möchte. Deshalb habe sie sich entschlossen, das geerbte Stückchen Land zu verkaufen. Ein schönes Grundstück! Wir machen Fotos, und werden danach noch zu Kaffee und Keksen eingeladen, wozu sich noch zwei weitere Damen aus dem Dorf gesellen. Es ist immer wieder spannend, in einem Privathaus spontan eingeladen zu sein. Wir sitzen in der riesigen Küche im Halbdunkel, denn wie üblich sind alle Fensterläden geschlossen. Ein bisschen Licht fällt durch die Milchglasscheibe der Verandatür. Wir werden gebeten an einem schmalen Tresen auf Barhockern Platz zu nehmen. Marícia und die beiden anderen Damen sitzen auf Holzstühlen, die entlang einer freien Wand stehen. Einen Küchentisch gibt es nicht. Ich schaue mich verhalten neugierig um. und frage mich, was wohl hinter den vielen Türen der Einbauschränke lagert. Es könnte Geschirr für große Gesellschaften sein, doch Marícia lebt in diesem großen Haus ganz alleine. Ich traue mich aber nicht zu fragen. Unseren Kaffee bekommen wir jedenfalls in schlichten Steingutbechern, die Kekse werden in einer Plastikschüssel herumgereicht.

Viel später werden wir erst erfahren, was es mit diesen »vornehmen« Küchen auf sich hat. Sie sind nur zum Vorzeigen! Wer früher ein bisschen Geld hatte, ließ sich eine schöne Einbauküche vom Tischler bauen. Gekocht wurde darin allerdings nicht. Das machte man, und so ist es bei den Älteren immer noch, in der einfachen Küche, die meist in einem halboffenen Anbau untergebracht ist.

So sitzen wir in einer etwas befremdlichen Anordnung und

versuchen uns im Smalltalk. Die beiden Besucherinnen dürfen nämlich auf keinen Fall wissen, dass wir wegen Maricias Grundstück hier sind. Ganz konspirativ spielen wir dieses Spiel mit und sprechen nur über Blumen und Gärten. Mit der Älteren der beiden können wir uns auf Englisch unterhalten, die Jüngere spricht nur Portugiesisch und so kommt eine lustige dreisprachige Konversation zustande, die von unserem eigentlichen Besuch ablenken soll. Als es anstrengend wird, verabschieden wir uns und wollen weiter nach Calheta Vila, um im Supermarkt *Pingo doce* frischen Fisch für unser Abendessen zu kaufen. Schon seit Tagen wollten wir mal wieder Dorade essen und immer kam etwas dazwischen.

Als wir losfahren regnet es. Nicht allzu heftig, aber wir nehmen ausnahmsweise lieber den kürzeren Weg über die Schnellstraße, die *via expresso*. Am Ende des zweiten Tunnels merke ich, dass wir leicht schlingern.

»Ist das hier glatt?«

»Ich glaube schon.« Mein Mann fährt sehr vorsichtig weiter bis zum Supermarkt. Und da sehen wir schon unsere »Öl«spur auf der nassen Straße. Daher kam also das Gefühl es wäre glatt.

Jetzt kaufen wir aber erstmal unsere Doraden, in der Hoffnung, damit gut nach Hause zu kommen. Als mein Mann den Roller wieder anlässt, sieht er schon, wie verdächtig leer der Tank geworden ist. Wir versuchen zu fahren, kommen aber nur ein paar hundert Meter. Am Ende der Promenade ist der Sprit alle. Und nun?

»Wir rufen Gerhard an, der hat sicher eine Idee«.

Der Freund aus der Nachbarschaft ist glücklicherweise zu Hause und will versuchen seinen Werkstatt-Spezi Roberto zu erreichen.

Ein paar Telefonate und da kommt Roberto auch schon angebraust. Der Fehler ist schnell erkannt: der Benzinschlauch ist gerissen. Roberto muss zurück zu seiner Werkstatt nach Loreto um Ersatz zu holen und wir setzen uns derweilen in die Strandbar und stellen erleichtert fest, dass es keinen besseren Ort für eine Panne gegeben hätte. Nur der Zeitpunkt ist nicht wirklich optimal, denn nun wird es heute wieder nichts mit dem Grillen der Doraden.

Es ist bereits dunkel, bis der Roller wieder fahrbereit ist, und wir langsam den Berg hoch nach Hause tuckern können. Mit Roberto haben wir vereinbart, dass er die Vespa in seiner Werkstatt in den nächsten Tagen gründlich untersuchen soll. Der Fisch wandert in den Kühlschrank und auf die Schnelle müssen mal wieder Nudeln mit Tomatensoße den Hunger stillen.

In den Tagen darauf bleibt die Vespa bestimmendes Thema: sie soll gleich am Mittwoch zu Roberto in die Werkstatt nach Loreto gebracht werden. Das Wetter ist nicht gerade einladend zum Roller fahren, aber egal, er muss ja irgendwie hin. Wir sind angezogen und behelmt, als ich feststelle, dass er schon wieder Benzin verliert, sobald der Motor läuft. So ein Mist! Wir brauchen wieder mal unseren Freund und Helfer in der Not – Luis. Er verspricht, ihn auf der Ladefläche seines Pick-up zur Werkstatt zu transportieren.

Wir sind für Donnerstagmorgen verabredet, doch es regnet wie aus Eimern, und Sturmböen fegen über uns hinweg. Ein paar Stunden später wagen die Männer es doch, und anschließend dürfen wir Luis' Pick-up ausleihen, um mal wieder richtig einkaufen fahren zu können. Es wird Zeit, dass unser Auto ankommt!

Noch ein Tag bis zur Ankunft des Frachters! Über eine Tracking-Nummer können wir die Position des deutschen Frachters verfolgen, der uns den Container und das Auto bringen wird. Er soll planmäßig am folgenden Nachmittag auf Madeira im Hafen von Caniçal einlaufen. Da jagt mir der nächste Schreck eiskalt über den Rücken, als ich die Internetseite mit den Schiffsbewegungen aufrufe.

»Unser Auto fährt nach England!«

»Wie bitte?«

»Ja, schau selbst! Der Frachter ist heute in Biarritz ausgelaufen und als Bestimmungshafen ist Newport angegeben.«

»Ruf, doch mal Volker an. Vielleicht weiß er mehr dazu.«

Volker, unser Containerpartner, ist nicht erreichbar, obwohl er doch heute Nachmittag schon auf Madeira gelandet sein müsste. Es ist alles rätselhaft und verworren. Wo ist unser Auto, wo ist Volker?

Wir müssen uns bis zum nächsten Morgen gedulden.

Froh gelaunt steht Volker morgens um 9 Uhr vor unserem Haus. »Auf geht's, wir wollen doch zu *Marfrete*, die Zollformalitäten für den Container erledigen.«

»Aber der Container ist doch noch gar nicht angekommen. Der schippert gerade nach England.«

»Ach Quatsch! Ihr habt wahrscheinlich nach der Tracking-Nummer des Frachters aus Hamburg geguckt.«

»Ja klar, vom Container selbst hatten wir ja keine.«

Volker triumphiert, »aber ich! Die haben in Rotterdam noch mal umgeladen. Deshalb kommt er auch mit einem Tag Verspätung an.«

Blödmann!

»Das hättest du uns aber auch sagen können.«

Als wir die Zollfreistellung des Containers in der Hafenagentur *Marfrete*, bei dem überaus zuvorkommenden und freundlichen Senhor Ricardo (scheinbar heißen alle, die etwas mit Fracht und Zoll zu tun haben Ricardo) erledigen, wird bereits entladen und die Anlieferung nach Calheta per LKW für den gleichen Nachmittag zugesagt.

Manchmal werden auch auf Madeira Termine eingehalten und so brummt gegen 15 Uhr ein Truck mit unserem 12m langen Container die steile Straße in Estrela hoch, um, wie schon einmal im Jahr zuvor, die Ladung vor Luis' Garage abzusetzen. Diesmal wird der Container allerdings mit Ladekran auf die Straße gehoben, denn das Auto muss ja irgendwie herausgefahren werden, wenn es keine Rampe gibt.

Das Öffnen der Türen ist wieder ein sehr spannender Moment. Was wird zu sehen sein? Ein heilloses Durcheinander oder eine gut gestaute Ladung? Wieder hat Luis etliche kräftige Männer organisiert, die das Ausladen übernehmen sollen. Als das Auto »freigelegt« ist, kommt das große Aufatmen. Außer zwei kleinen Schrammen am hinteren Kotflügel ist alles top. Der Motor springt sofort an und wir sind glücklich endlich ein anständiges Fahrzeug zu haben, nicht ahnend den Stress, den es uns noch bereiten wird.

Auch der Rest der Ladung zeigt, außer einem zerbrochenen Terracotta-Kübel, keine Schäden. Nur die Pflanzen, ein Großteil der Fracht, die über, unter, vor und neben dem Auto Platz gefunden haben, sehen sehr mitgenommen aus. Immerhin waren sie seit zwölf Tagen auf engstem Raum in Kisten zusammen gepfercht im Dunkeln. Klar, dass ich mich sofort um meine Schätzchen kümmern muss. Während die Männer sich um das weitere Entladen kümmern, wird jedes Töpfchen peinlichst auf Schnecken untersucht, denn diese deutschen Plagegeister will ich hier nicht als blinde Passagiere einwandern lassen. Die Erde ist bei allen Pflanzen noch gut feucht. Verständlich, denn es hatte beim Verladen in Deutschland stark geregnet. Dementsprechend müssen auch einige faulige Pflanzenreste entfernt werden. Danach kommen die Weitgereisten erstmal zum Akklimatisieren in den Schatten. Zum Auspflanzen in unserem Garten habe ich noch drei Wochen Zeit, bevor wir wieder nach Deutschland zurück müssen.

In den nächsten Tagen genießen wir den Spaß auf der Insel Landrover zu fahren und blenden die Anmeldung ganz bewusst aus. Wir probieren madeirensisches Denken: ‚don't worry, it's easy'. Manchmal lösen sich Probleme auch von selbst – vielleicht haben wir ja Glück – und wir beschließen, uns zunächst um das kleinere Problem, die Anmeldung des Motorrollers zu kümmern.

Das einfachste scheint uns zu sein, den geforderten Stempel von einem Piaggio-Händler zu holen. Mitten in Funchal gibt es einen Vertragshändler, der ausnahmsweise leicht zu finden ist. Wir brauchen jedoch unsere Papiere gar nicht aus der Tasche zu ziehen, denn die freundliche Dame am Empfang erklärt sich für nicht zuständig und gibt uns eine Telefonnummer der Piaggio-Zentrale in Lissabon mit. Doch so schnell geben wir nicht auf. Wir klappern sämtliche Motorradhändler in Funchal ab, die Antwort ist immer negativ.

»Nein. Diesen Stempel können wir nicht geben.«

Am nächsten Morgen kontaktieren wir Piaggio Lissabon. Dort weiß eine Senhora Elisabeta wie uns geholfen werden kann – wunderbar!

»Senden sie uns den Original-Fahrzeugschein und einen Scheck über 100 Euro, die Adresse finden sie auf unserer Internetseite. Bom dia!«

Na toll! Wenn der Brief verloren geht, können wir den Roller über die nächste Klippe werfen.

Wir vertagen auch dieses Problem.

Die Wochen auf Madeira verfliegen, ich bin schwer mit dem Garten beschäftigt. Endlich kann ich meinen Ideen, deren Umsetzung immer an der norddeutschen Witterung scheiterte, freien Lauf lassen. Das Kräuterbeet vor der Küche wird, neben bereits gedeihenden robusten Pflanzen wie Thymian und Rosmarin, mit den sensiblen von der heimischen Fensterbank ergänzt. Hier dürfen jetzt die aromatischen Fruchtsalbei-Sorten neben einer Zitronenverbene, Currykraut und italienischem Majoran wachsen. Gleich daneben stelle ich mir ein von Schmetterlingen und Hummeln umtanztes Lavendelbeet vor. Neun verschiedene Lavendel in Farbnuancen zwischen weiß und mehr oder weniger intensiven blau-violett Tönen hatte ich in den Container verladen. An der Mauer zum Nachbarhaus sollen sich diese Farben mit Storchschnäbeln, Schwertlilien, Glockenblumen und Lenzrosen in einem Staudenbeet fortsetzen. Das Gartenstück vor unserem Wohnzimmer bekommt quadratische Beete mit niedrigen Duftkräuterhecken: Brautmyrte, Eberraute, Olivenkraut, Kapmyrte, Heiligenkraut, Colastrauch, Steinquendel und Bartblume. Zum Blühen kommen soll dieser vollsonnige Gartenteil durch die Pflanzung meiner Lieblingsstauden: Pfingstrosen, Sonnenhüte, orientalischer Mohn, Margariten und Lupinen. Und dann muss noch ein Gräserbeet im stillen, meditativen Gartenbereich gepflanzt werden. Das Wetter macht gnädig mit, so dass ich es tatsächlich schaffe knapp 150 Pflänzchen in die schwere Erde zu bringen.

Im November fliegen wir zurück nach Deutschland. Der Defender träumt in unserer Garage auf Madeira derweilen von den abenteuerlichen Fahrten, die wir mit ihm in der Zukunft unternehmen wollen.

Unseren Zwischenstopp in Lissabon wollen wir nutzen, um an den begehrten Stempel für die Vespa zu gelangen. Sieben Stunden Aufenthalt sollten hoffentlich genügen!

Man stelle sich vor: für einen – in unseren Augen vollkommen überflüssigen – Stempel fliegen wir von Funchal nach Lissabon, steigen zunächst in die Metro Richtung Innenstadt, nehmen dann den Zug bis in einen Außenbezirk am Tejo und gelangen endlich mit der Straßenbahn an unseren Zielort, zur Piaggio-Zentrale von Portugal. Dort bekommen wir ohne Probleme ein Papier mit exakt den Angaben, die von unserem Fahrzeugschein kopiert wurden, aber mit portugiesischem Stempel, und bezahlen dafür 100 Euro!

»Was soll man machen?« Es bleibt uns nur ein resigniertes Schulterzucken.

Immerhin entdecken wir während dieser Aktion das Kulturzentrum *LX Factory,* hinter den bekannten *Docas* gelegen, das wir uns beim nächsten Aufenthalt intensiver ansehen, wenn wir keine Verpflichtungen haben werden. Wir schlendern noch eine halbe Stunde durch das alternative Quartier in der Rua Rodrigues Faria mit seinen Designerläden, Galerien und coolen Clubs, Bars und Restaurants, die sich in Fabrikgebäuden aus dem 19. Jahrhundert als Lissabons kreative Insel etabliert haben. In keinem unserer Reiseführer erwähnt, bescherte uns die portugiesische Bürokratie nun also noch eine kleine Entdeckung.

Die Bürokratie – *a burocracia*

Die Frage, was machen wir mit dem Auto, lässt uns in den folgenden Wochen auch in Deutschland nicht los. Einschlägige Internetforen werden befragt, ebenso der deutsche Zoll, das Ergebnis ist immer das gleiche. Die Vorgehensweise der madeirensischen Zollbehörde ist nicht EU-konform, das müssen wir entweder hinnehmen oder dagegen klagen – und auf solchen Stress haben wir überhaupt keine Lust. Also bleiben uns nur zwei Möglichkeiten: den Defender auf Madeira anmelden, ganz legal und dafür bluten – oder zurückbringen nach Deutschland und dort wieder verkaufen. Für meinen Mann scheidet die »legale«, steuerteure Anmeldung definitiv aus Schon aus Prinzip, wie er sagt. Wenn wir keinen Ärger mit dem Zoll oder sonst irgendeiner Behörde bekommen wollen, bleibt also nur der Rücktransport, denn jede andere Aktion, die weniger als 16.000 Euro kostet, wäre nur halblegal, wenn nicht illegal – zumindest nach madeirensischem Verständnis.

»Wir könnten das Auto ja auf dem Landweg zurückfahren,« schlage ich vor. «Wir beide fliegen nach Lissabon, das Auto kommt per Schiff, und von dort zuckeln wir ganz gemütlich Richtung Norden.«

»Du meinst wir sollten einen Urlaub aus der Fahrt machen? Das klingt irgendwie verlockend. Aber vorher müssen wir einen Landrover hier auf der Insel zu kaufen finden, um die gute Ausstattung umbauen zu können.«

Stimmt, wir hatten ja noch in Deutschland einiges in den Landrover investiert: gute Ledersitze, Schiffsboden für den Laderaum, kleines Lenkrad, Unterfahrschutz, und diverse Kleinigkeiten, die das Fahren schöner machen, z.B. eine HiFi-Anlage mit gutem Sound, die auch einen Defender Motor überwältigt.

Ich bin skeptisch, aber in Autofragen halte ich mich generell zurück und überlasse meinem Mann das Feld und damit die Recherche im Internet. Er wird diesmal erstaunlich schnell fündig und wir können nach unserer Rückkehr auf Madeira in Funchal einen Defender besichtigen. Der Privatverkäufer, ein junger Kerl, erzählt uns stolz von seinen Crosscountry-Touren. Damit ist für uns bereits klar, dass wir dieses Auto nicht kaufen werden. Aus eigener Erfahrung auf einem Testgelände in der Lüneburger Heide wissen wir, was so einem Offroader zugemutet wird. Der größte Spaß für die meisten Fahrer besteht aus dem Meistern von Schikanen, die selbst ein Defender oft nicht ohne Schaden übersteht.

Beim nächsten Angebot scheitern unsere Bemühungen an den mangelnden Sprachkenntnissen. Der Besitzer spricht nur Portugiesisch und wir schaffen es nicht einmal ein Treffen zur Besichtigung zu vereinbaren.

Wenige Tage später entdecken wir einen roten Defender bei einem Autohändler in Ribeira Brava. Das ist allerdings ein »Großer«, ein Defender 110 mit neun Sitzen. Eine Menge Fragen und Überlegungen tun sich auf, während wir um das Auto herumschleichen.

Brauchen wir so ein großes Auto? Passt der überhaupt in unsere Garage? Immerhin ist er einen halben Meter länger als unser Schwarzer und die Straßen, bzw. die Kurven sind oft eng. Andererseits hat der 110er fünf richtige Sitzplätze. Das heißt, alle fünf in Fahrtrichtung und zusätzlich vier Notsitze im Laderaum. Der 90er hat ja nur zwei richtige Sitze und auf längeren Strecken über die Insel oder zum Flughafen ist das Mitfahren auf den Notsitzen schon eine kleine Zumutung.

»Und – schööön ist er!« In tadellosem Zustand, soweit für uns erkennbar.

Also treten wir in Preisverhandlung. Angeboten wird er für 17.500 Euro. Ein stolzer Preis, bedenkt man sein Alter, 14 Jahre, und seine Laufleistung, 120.000 km.

Wir machen eine Probefahrt nach Calheta, testen, ob er in die Garage passt, schauen mit unserem Laienblick mal unters Auto und in den Motorraum und handeln mit Senhor Ilídio, dem Autohändler, 15.000 Euro aus. Allerdings ohne Garantie, sonst möchte er tausend Euro mehr dafür haben.

»Was muss kaputt gehen, dass tausend Euro Reparatur innerhalb eines Jahres anfallen? Bei den niedrigen Werkstattpreisen auf Madeira?« fragen wir uns.

»Na ja,« meint ein Freund, den wir zur Besichtigung dabei haben, » worst case, der Motor ist hin.«

»Aber nicht bei einem Dieselfahrzeug mit 120.000 km,« entscheiden wir.

Also akzeptieren wir den Kaufpreis ohne Garantie und verlangen noch, dass die ramponierte Innendachverkleidung erneuert wird.

So lernen wir Hugo kennen. Hugo hat im Gewerbepark von Cancela eine Autosattlerei und wird den »Himmel« erneuern. Und Hugo erklärt sich auch bereit die komplette Innenausstattung unseres schwarzen Defenders aus- und in den neuen Roten einzubauen, also Sitze, Notsitze, Musikanlage, Armaturenbrett und den ganzen kleinen Schnickschnack.

Dass das nicht ganz ohne Schwierigkeiten abläuft, könnten wir uns ja eigentlich denken. Doch die Männer sehen keinerlei Probleme. Ilídio stellt uns für die Zeit des Umbaus einen kleinen Leihwagen kostenlos zur Verfügung, Hugo rechnet mit einer Woche und mein Mann ist begeistert.

Wir bewegen uns in den nächsten Tagen wenig aus dem Haus, denn auf Madeira ist es ganz plötzlich Winter geworden. Die Nachrichten melden Schnee in den Bergen, wir sehen auf Videos, wie sich sämtliche Geländewagenfahrer der Insel auf den Weg machen, um das Wunder von 25cm Schneedecke auf dem *Pico do Areeiro* zu bestaunen. ›Das haben wir gar nicht nötig‹, denken wir, ›Schnee kennen wir!‹ und der kleine Leihwagen mit den abgefahrenen Reifen bleibt in der Garage. Ein eisiger Wind beschert uns etliche Hagelschauer, die die Blätter von Sukkulenten perforieren und durch unseren Schornstein in die Küche prasseln. Mal wieder sind wir froh, nicht nur den Kamin, sondern auch eine Heizung zu haben. Von wegen »Insel des ewigen Frühlings«!

Nach einer Woche ist der Winter vorbei und wir könnten gerne wieder eins unserer Fahrzeuge gebrauchen, z.B. um in der Gärtnerei Bäume für unseren Garten zu kaufen. Stattdessen gehen wir wandern.

Levadawanderung:
Levada Nova – Levada Moinho

Eine Levadawanderung ist nun die beste Art den Kopf frei zu bekommen und mal nicht über die Fahrzeuge nachdenken zu müssen. Wir machen einen zweiten Versuch das Tal der *Ribeira da Ponta do Sol* an der Südwestküste zu erwandern. Vor zwei Jahren war diese Tour durch vorhergegangene Unwetter nicht ganz ungefährlich zu begehen, doch inzwischen sollten die Reparaturarbeiten an den Levadas wohl abgeschlossen sein.

Wir fahren mit dem Auto auf der *Via Expresso* bis Ponta do Sol und folgen ab dem Kreisel der inzwischen gut ausgeschilderten Strasse Richtung *Levada Nova* bis hinauf nach Lombada da Ponta do Sol. Direkt am Einstieg können wir parken und nach wenigen Metern über den abgedeckten Kanal haben wir die Häuser hinter uns gelassen. Die Levada sieht gut präpariert aus: die etwa 40 cm breite Levadamauer, auf der man gegen die Fließrichtung des Wassers ins Tal hineinwandert, ist ausgebessert und an den kritischen Stellen, entlang der Felsüberhänge, sind stabile Sicherungen durch neue Geländer angebracht.

Trotzdem muss ich mich gut auf meine Füße konzentrieren und lieber stehen bleiben, um einen Blick in die Weite oder in die Tiefe zu wagen. Immer wieder sehen wir kleine bewirtschaftete Terrassenfelder und werden uns der harten Feldarbeit bewusst, die hier geleistet wird. Zum Pflanzen, Pflegen und Ernten immer an der Levada entlang und dann noch viele Treppenstufen hinunter und wieder hinauf – ohne jegliche Transporthilfen!

Eine besonders unangenehme und rutschige Passage wurde durch eine kleine Metallbrücke entschärft und wir sind mit die Ersten, die darübergehen. Das Datum im Brückenboden verrät uns, dass sie erst vor wenigen Tagen freigegeben wurde. Direkt vor dem kurzen Tunnel, den wir passieren müssen, sehen wir allerdings schon wieder neue Schäden durch Steinschlag.

Kurz danach kommt das Highlight dieser Wanderung: die Unterquerung eines donnernden Wasserfalls – gefahrlos zu passieren, aber sehr spektakulär. Gewaltige, vom Wasser rund geschliffene Felsen bilden einen Kessel, den man eng an die Wand gedrückt hinter dem Wasserfall umläuft. Danach geht es recht bequem weiter bis zum kurzen Abstieg zur *Levada do Moinho*, an der wir parallel den Rückweg laufen wollen. Hier bietet sich ein vollkommen anderes Landschaftsbild. War der Bewuchs 40 Meter weiter oben karg und felsgeprägt, wird diese Levada von Gräsern und Blüten gesäumt, und häufig wandern wir im Schatten unter Bäumen.

Leider hat dieser Weg etliche »Aussetzer«. Der ohnehin schmale Pfad ist teilweise weggerutscht und es bleibt nur das schmale Levadamäuerchen um diese Stellen zu passieren. Das setzt absolute Schwindelfreiheit voraus, denn es gibt keine Sicherung zum Abgrund in einer Höhe von ca. 250 Metern. Mir ist nicht wirklich wohl dabei. Und mehr als einmal überlege ich, die Stiefel auszuziehen und für die riskanten Passagen in die Levada zu steigen. Mit Konzentration und Vorsicht geht es aber doch trockenen Fußes weiter. Als wir wieder in die bewirtschaftete Region kommen wird der Weg breiter und einfacher zu laufen. So erreichen wir nach drei Stunden die Kapelle *Esperito Santo* und damit fast das Ende unserer Wanderung. Ein kleiner Aufstieg ist noch bis zu unserem Parkplatz zu machen und nun kommen wir doch tatsächlich noch ins Schwitzen.

Es sollte vier Wochen dauern bis wir zumindest eins der beiden Autos in einem fahrbereiten, aber immer noch unfertigen Zustand wieder bekommen.

»There was a little problem«, ist die immer passende Antwort, auf unsere Nachfragen, wie weit die Arbeiten gediehen seien.

Ein Autoelektriker, Ricardo, muss dazugeholt werden. Der hat aber nur am Wochenende Zeit. Dann fehlen bestimmte Schrauben. Dann verzögert sich die Lieferung des Leders für den Bezug der Rücksitze. Dann gibt es kein farblich passendes Nähgarn, dann ist Karneval, und zu guter letzt bricht sich Ricardo einen Finger der rechten Hand.

Hugo vermittelt uns jedoch jeden Zeitverzug auf so charmante Art, dass sich unser Anflug von Ärger vor seinem freundlichen Lächeln in Nichts auflöst. Und wir müssen anerkennen, dass er meisterhafte Arbeit leistet – wenn sie denn irgendwann fertiggestellt ist.

Während nun die beiden Defender auf dem Hof vor Hugos Werkstatt auseinander genommen werden, taucht ein Interessent für unseren Schwarzen auf. Ein Autohändler! Er erkundigt sich nach dem Preis für das deutsche Auto. Angeblich sei die hohe Einfuhrsteuer für ihn uninteressant, weil er den Geländewagen nur für Offroad-Challenges nutzen und ihn deshalb gar nicht auf Madeira anmelden wolle.

Wir bekommen leuchtende Augen. Sollte sich doch noch eine gute Lösung für unser Auto finden lassen?

Inzwischen vorsichtig geworden, will ich jedoch beim deutschen Konsulat nachfragen, ob wir uns auf solch einen Deal einlassen sollten. Die Sekretärin des Botschafters wird beim Wort »Landrover Defender« ganz hellhörig und gibt bereitwillig die Privatnummer des Konsuls heraus, damit wir das gleich mit ihm persönlich besprechen können.

Ich erkläre ihm also telefonisch den Stand der Dinge und bekomme eine sehr ernüchternde Antwort: »Der Verkauf des Fahrzeugs ist ohne vorhergehende Zahlung der festgesetzten 16.000 Euro auf Madeira nicht zulässig. Aber,« Senhor Santos weiter in akzentfreiem Deutsch, »kommen Sie doch mit ihrem Fahrzeug mal bei mir vorbei, und ich will sehen, was ich für Sie tun kann.«

Darauf können wir uns nun gar keinen Reim machen.

»Was meint er damit?« fragt mein Mann.

»Keine Ahnung! Aber so ein Kontakt kann nicht schaden, wir haben ja noch ein paar Wochen Zeit, und vielleicht kennt er ja doch ein paar Tricks mit den Behörden.« Ich habe die Hoffnung noch nicht aufgegeben, dass uns der Rücktransport des Schwarzen erspart bleibt.

Der ist inzwischen in einem sehr abgespeckten Zustand. Das heißt, von außen macht er noch einen kernigen Eindruck mit seinen dunklen Fenstern und den fetten Profilreifen, aber im Innern ist die Ausstattung durch den Austausch auf die Minimalversion, ohne jeglichen Komfort reduziert. Was einem Offroader egal wäre, uns aber die Vorstellung damit 3500 km bis nach Hamburg zu fahren inzwischen verleidet hat. Wer schon mal in einem Landrover Defender älteren Baujahrs gesessen hat, kann es nachvollziehen. Alle anderen dürfen sich eine Europareise in einem Camping-Klappstuhl mit Dieselmotor vorstellen.

Es stellt sich heraus, dass der Herr Konsul Geschäftsführer eines Autohauses in Funchal ist und ein grundsätzliches, geschäftliches Interesse an besonderen Autos hat. Er schlägt uns vor, den Defender in die Ausstellung zu nehmen, bleibt aber in der Frage, wie die Zollgeschichte bei einem Verkauf zu regeln wäre, ziemlich nebulös. Ok, wir haben immer noch 6 Wochen Zeit, während der das Auto mit deutschen Nummernschildern auf Madeira geduldet wird. Und so kommt es, dass unser Landrover – ganz prominent – im Autohaus an der *Rua de São João* im Schaufenster steht, neben einigen anderen sehr schicken Oldtimern – mit einem *Se-Vende*-Schild.

Unser neuer Roter ist nun endlich auch fahrbereit, allerdings ohne Musikanlage, weil der gebrochene Finger von Ricardo so schnell nicht heilen will. Und, wir haben immer noch keine Rückbank wegen des fehlenden Nähgarns in der passenden Farbe.

Wir warten und hoffen auf wundersame Fügungen und widmen uns wieder dem anderen Fahrzeugthema: der Anmeldung des Rollers. Luis wird befragt, ob er vielleicht jemanden kennt, der uns zur Seite steht. Wir fühlen uns langsam etwas »unter die Räder gekommen«.

»*Claro, que não!*« Er nimmt unsere Papiere (den Piaggio-Stempel aus Lissabon haben wir ja bereits) mit zu einem Freund, der eine Fahrschule leitet. Luis' Freund kann zwar nichts für uns tun, gibt aber die Telefonnummer eines befreundeten Zollagenten weiter, der die Anmeldung für uns regeln will. Ich bin begeistert. Wir faxen alles an Papieren und Formularen an einen Senhor Quirino und wähnen uns frei von weiteren Behördengängen. Leider stellt dieser Agent nun fest, dass es für den Motorroller kein Einfuhr-Zoll-Dokument gibt. Stimmt! In meiner Naivität hatte ich den Roller auf der Ladeliste unseres ersten Containers nicht als angemeldetes Kraftfahrzeug deklariert. Er ist sozusagen versehentlich »schwarz« eingeführt worden. Und deshalb kann der freundliche und hilfsbereite Senhor Quirino leider nichts für uns tun, empfiehlt uns aber einen Senhor Henry in der *Alfândega*, der uns schon bekannten Zollbehörde.

Im April ist unser Hochzeitstag und weil das ein Glückstag ist, werden wir vor einem schönen Essen unsere Rollerstory weiterspinnen. Voller Optimismus steuern wir das Büro von Senhor Henry an. Es liegt direkt neben dem von Senhor Ricardo, mit dem wir ja im Herbst schon zu tun hatten, und der uns heute gleich in Empfang nehmen möchte. Aber wir wehren ab. Wir wollen mit Senhor Henry das Problem auf Englisch lösen.

Zuerst beteuern wir, dass wir es uns nicht erklären und wirklich absolut nichts dafür können, dass es keine Einfuhrpapiere gibt. Stimmt ja eigentlich nicht so ganz, aber: »was soll man machen?«

Trotzdem wird zigmal nachgefragt, wieso, weshalb, warum, und dann kommt Senhor Ricardo doch noch dazu und die Stimmung heizt sich etwas auf, wobei wir nicht mal wissen, ob die ganze Aufregung überhaupt unserer Sache gilt. Senhor Ricardos riesengroße Kulleraugen drohen ihm aus dem Gesicht rollen, während die beiden ihr Kompetenzgerangel ausfechten. Doch sie kommen überein, dass es machbar ist, den Roller quasi nachträglich offiziell einzuführen, obwohl er ja in Wirklichkeit schon da ist.

Wir scheinen sehr verständnislos dreinzuschauen, denn wir werden dreimal gefragt, ob wir das tatsächlich wollen. *»Sim, sim, yes, for sure!!«*

Es werden massenhaft Kopien von allen persönlichen und Fahrzeugdokumenten gemacht und ich verliere langsam den Überblick, welche Papiere unter welchen Aktenbergen sind, welche bereits auf dem Straßenverkehrsamt liegen und welche ich schon wieder in meiner Tasche habe. Als dann noch nach der Wasserrechnung für unsere Wohnung in Deutschland gefragt wird, nähere ich mich bedenklich einem Nervenzusammenbruch. Von wegen Glückstag! Es ist unfassbar: wir wollen einen Motorroller auf Madeira anmelden und sollen dazu die monatliche Abrechnung der deutschen Stadtwerke nachweisen!

Für Senhor Henry und Ricardo ist das allerdings ein ganz selbstverständlicher Vorgang. Senhor Henry erklärt, dass für die deutsche Adresse in unserem Personalausweis ein Dokument benötigt wird, das bestätigt, dass wir dort wirklich wohnen. Nach madeirensischem Verständnis heißt das, wer kein Wasser verbraucht, der wohnt nicht.

Natürlich haben wir auf Madeira keine Abrechnung der Stadtwerke dabei und bieten alternativ an, unseren Mietvertrag nachzureichen, der hoffentlich akzeptiert wird.

Erstaunlicherweise werden wir gleich bei Senhor Ivo vom *DRTT* (Straßenverkehrsamt) telefonisch angemeldet, mit dem wir einen Termin für die Inspektion vereinbaren sollen. Die Chancen stehen also gut, dass wir mit der Anmeldung vorankommen. Das Telefonat hat wahre Wunder bewirkt: Senhor Ivo ist heute ausgesprochen freundlich, hat unsere Akte schon bereit liegen und gibt uns einen Inspektionstermin am Stadion von Funchal für den nächsten Freitag 14 Uhr.

»Sie wissen, wo das Stadion ist? Ja? Gut! Dann bezahlen sie vorne an der Kasse 45 Euro,«

alles auf Portugiesisch – wir lernen jeden Tag dazu.

Ja, ja, wir werden es schon finden, hoffen wir. Wir sind zu erschöpft, um weiter darüber nachzudenken, denn da ruft auch schon der Herr Botschafter an, ob es wohl möglich wäre, heute noch bei ihm vorbei zu kommen.

»Klar, machen wir! Wir sind ohnehin ganz in der Nähe.«

»Leider hat es nicht geklappt ihr Auto zu verkaufen. Ich hatte einen Interessenten, der den Wagen nach Deutschland bringen wollte. Dort hätte der Verkauf stattgefunden und seine Schwester, die im nächsten Jahr nach Madeira ziehen wird, hätte dann das Auto zollfrei einführen können.«

»Das klingt ziemlich kompliziert.«

»Ja, das meinte die Schwester meines Klienten auch und wollte sich deshalb nicht darauf einlassen. Es tut mir leid. Ich hätte Ihnen gerne geholfen.«

»Schade, dann bleibt uns wohl nur der Rücktransport per Container.«

»Haben Sie die Fracht schon organisiert? Es gab nämlich gestern ein kleines Problem.«

»Nein, bitte nicht noch eins.«

»Keine Sorge, das können wir regeln.«

Unser »Schaufenster-Auto« hatte die Zollbehörde aufmerksam gemacht, und die wollten nun etwas genauer wissen, warum ein Fahrzeug mit deutschen Nummernschildern in einem Autohaus in Funchal zum Verkauf stand. Wir fahren also mit Senhor Santos gemeinsam bei der *Alfândega* vor, stellen uns – nicht wissentlich – auf den Privatparkplatz des Präsidenten, und der Botschafter redet mit wilder Gestik auf einen Beamten mit versteinertem Blick ein. Erstes Fazit: wir werden nicht verhaftet, aber sie werden peinlich genau darauf achten, dass wir das Auto keinen Tag länger als erlaubt mit deutschen Nummernschildern auf der Insel fahren können. Das bedeutet, wir dürften ihn nicht einmal hinter verschlossenen Garagentüren hier behalten. Das Datum 23. April ist nun registriert. Zweites Fazit: nunca, never, niemals werden wir je wieder ein Auto selbst auf die Insel bringen! Drittes Fazit: wir haben uns unser Essen anlässlich unseres Hochzeitstages mehr als verdient.

Nun sind es nur noch 2 Wochen um den Rücktransport des Autos zu organisieren. Bisher haben wir noch keine Schiffsagentur gefunden, die uns für die Containerfracht Funchal – Hamburg einen akzeptablen Preis anbieten konnte, weder in Hamburg noch in Funchal. Wir erinnern uns an Herrn Taller, der den ersten Transport nach Madeira für uns organisiert hatte und versuchen per Mail mit ihm in Verbindung zu kommen. Beim dritten Versuch klappt es. Er hat inzwischen die Firma gewechselt und kann uns in seiner neuen Position ein gutes Angebot machen. Termin für die Abfahrt des Schiffs ist der 23. April – das ist wirklich eine Punktlandung! Allerdings hat Herr Taller noch keinen heißen Draht nach Madeira und so müssen wir uns wieder selbst um die portugiesische Seite kümmern, das heißt Zollabfertigung und Verladung sollen wir organisieren. Ob diese Geschichte wohl jemals aufhört?

Ich telefoniere zuerst mit dem freundlichen Senhor Ricardo von der Agentur *Marfrete*. Hier erfahre ich, dass wir das Auto nicht selbst in den Hafen bringen dürfen, sondern dass es vorab in den Container muss, welcher dann per LKW zum Schiff transportiert wird. Mein Protest, dass es doch Unsinn ist ein fahrtüchtiges Auto per LKW zu transportieren, nützt leider nichts. Im Hafenbereich haben Unbefugte nichts zu suchen! Immerhin kann er mir ein paar weitere Telefonnummern, sowohl von der Zollbehörde als auch vom LKW-Unternehmen geben. Eine kleine Odyssee beginnt.

Die bevorstehende Inspektion unseres Rollers liegt mir momentan allerdings noch etwas mehr im Magen. Wir haben beide keine große Meinung mit diesem »Lustfahrzeug« auf der Autobahn nach Funchal durch 24 Tunnel oder alternativ tunnelfrei, drei bis vier Stunden über die kurvenreiche Regionalstraße zu tuckern. Luis kann uns diesmal nicht helfen, denn sein Pick-up ist in der Werkstatt. Glücklicherweise können wir uns von unserem Freund Gerhard einen Anhänger ausleihen, um den Roller zu befördern. Freitag um 14 Uhr sollen wir uns in Funchal beim Fußballstadion mit der Vespa einfinden. Eine genauere Adresse gibt es nicht. Wir kurven mit Landrover und Anhänger kreuz und quer durch die engen Straßen und schaffen es kurz vor zwei Uhr am Haupteingang zu sein. Zwei junge Männer scheinen hier ebenfalls zu warten. Wir fragen, wo die Inspektion stattfindet.

»*Aqui!* Hier«. Sozusagen am Straßenrand! Wie gut, dass ein Parkplatz frei war.

Außer den beiden und uns scheint keiner auf den Inspektor zu warten. Mit der üblichen portugiesischen Verspätung kommt ein wichtig aussehender Herr heran, unterm Arm eine grüne Mappe eingeklemmt.

»Das ist unsere Piaggio-Mappe aus dem *DRTT*!« erkenne ich sofort.

Er steuert schnurstracks auf uns zu und verlangt die Fahrgestellnummer zu sehen. Dazu soll eine Verkleidung abmontiert werden. Weil wir keinen Schraubenzieher haben, versucht er es selbst mit einem seiner Schlüssel. Das funktioniert natürlich nicht, also guckt er noch ein bisschen hier, ein bisschen da. Einer der beiden jungen Männer hat unser Problem erkannt und bietet an, mit seinem Werkzeug zu helfen. Doch auch das bringt uns nicht weiter, die Fahrgestellnummer ist nicht zu finden. Irgendwann hat der Inspekteur keine Lust mehr, das ist ihm deutlich anzusehen, und da tut er einfach so als hätte er die Nummer entdeckt, nimmt das Formular zur Hand, unterschreibt und sagt: *»ok, bring this to DRTT.«*

Vorhin verstand er angeblich kein Wort Englisch?! Ich frage zweimal nach, ob wirklich alles fertig und in Ordnung ist. *»Sim, certo!* Ja, sicher!«

Na, das hätten wir auch einfacher haben können. Aber, was soll man machen.

Nach etlichen Tagen mit unzähligen Telefonaten und Mails auf Portugenglisch, scheint die Organisation des Transports für den schwarzen Defender zurück nach Deutschland in trockenen Tüchern zu sein. Aber nein, ein Dokument fehlt doch noch: die *Ficha técnica 2000.1 Andar e pedir* gegen eine Gebühr von 125 Euro. Ausgestellt wird das Dokument von, wie könnte es anders sein, Senhor Ivo vom *DRTT*. Da müssen wir also heute unbedingt hin, denn in einer Woche fährt das Schiff und dazwischen liegen noch die Osterfeiertage.

Wir hatten zwar für diesen Tag ganz andere Pläne, doch mittlerweile haben wir ja Übung auf Unvorhergesehenes spontan zu reagieren. Wir holen eine Freundin vom Flughafen ab und die darf dann gleich Einblick nehmen ins Herz der madeirensischen Bürokratie und wird mitgeschleppt ins Straßenverkehrsamt.

Senhor Ivo hat aber heute frei, und auch der Rest der Belegschaft befindet sich schon im Feiertags-Modus. Es wird gestrickt, gequatscht, gedöst und keiner kann heute Englisch.

Als unvermittelt der Herr Botschafter auftaucht, gibt es wenigstens eine Information:

Kabelbruch auf der Baustelle vor dem Gebäude, das System ist down. Es kann keine *Ficha* ausgestellt werden.

»Amanhã?

»Não, não.«

»Depois de amanhã?«

» …..talvez.«

Vielleicht übermorgen, dann ist Donnerstag. Hoffen wir, dass es klappt, denn Karfreitag ist Feiertag und am Montag nach Ostern müssen wir das Auto mit allen amtlichen Papieren zur Verladung übergeben.

Immerhin werden wir unseren Roller-Prüf-Zettel vom Inspektor los, den wir angeblich sofort an Senhor Ivo hätten überbringen müssen. Strafende Blicke treffen uns. So allmählich verliere ich meine Contenance. Diese Wichtigtuer hinter ihren Schreibtischen nerven mich mittlerweile gewaltig.

Tags darauf stehen unangemeldet zwei hochoffizielle Zollpolizisten bei uns zu Hause vor der Tür. »*Where is the car with the german plates?*« Wir öffnen das Garagentor, zeigen das Corpus delicti und versichern, dass der Termin für die Rückreise des Autos bereits fest steht.

Sie rechnen nach. 180 Tage seit der Einfuhr im letzten Jahr, stimmt!

»Am 23.April muss das Auto die Insel verlassen haben, sonst wird es teuer!«

Sie tun noch sehr wichtig mit weiteren Anweisungen und Verhaltensregeln, dann verabschieden sie sich freundlich: »*Sorry, but that is the law.*«

Was soll man machen!

Es wird – wie befürchtet – nichts mit unserer *Ficha técnica* am Donnerstag. Die Behörde hat weiterhin kein Internet, damit keinen Zugriff auf »was weiß ich«, und kann uns das erforderliche Dokument nicht ausstellen. Und nun? Ich komme so richtig in Fahrt.

»Sie rufen jetzt sofort Senhor Ricardo in der *Alfândega* an und erklären ihm die Sachlage. Das Auto wird am Montag verladen mit oder ohne *Ficha técnica*.«

Und plötzlich erfährt unser Drama eine ganz und gar portugiesische Wendung:

»Ihr Fahrzeug kann ohne *Ficha* zurück nach Deutschland. Es hat ja noch deutsche Nummernschilder.«

Wir verkneifen uns sarkastische Bemerkungen wie: ›ach, das ist sehr schön, dass das noch jemand von euch Pfeifen rechtzeitig bemerkt hat.‹ Berufsoptimisten, wie wir aber sind, freuen wir uns einfach darüber, dass wir nun 125 Euro gespart haben und hoffen, dass wir lange nichts mehr mit dem *DRTT* und der *Alfândega* zu tun haben werden.

Nun haben wir ein paar schöne Tage mit unserem Besuch vor uns. Die Wanderungen und die genussvollen blauen Stunden nach dem Sonnenuntergang am Meer bringen den Seelenfrieden zurück – zumindest bis zu jenem Tag, als aus unserem neuen roten Defender weiße Dampfwolken aufsteigen.

Wir sind gerade an einer Tankstelle als es unserer Freundin auffällt. Ich versuche noch es mit hoher Luftfeuchtigkeit und warmer Motorhaube zu verharmlosen, aber nachsehen wollen wir dann doch mal. Hmm, aus der Werkstatt wird ein Monteur dagerufen. Ein Kühlschlauch ist gerissen, den er kurzfristig reparieren kann, aber er rät uns, sofort eine richtige Werkstatt aufzusuchen, weil das Kühlwasser ölig und auch alle anderen Schläuche porös seien. Na toll! Wir fahren auf unserem Heimweg bei Ilídio, dem Autohändler vorbei und erklären unser Problem. Er kennt natürlich einen Landrover-Spezialisten und fährt mit uns zu Pedros Werkstatt. Unser Bekanntenkreis in der Autobranche auf Madeira erweitert sich ständig.

Pedro ist Kfz-Mechaniker bei Landrover in Funchal und repariert am Wochenende in der privaten Garage bei seinen Eltern fast ausschließlich Defender – also ein echter Fachmann. Leider spricht er nur Portugiesisch, obwohl er englischer aussieht als irgendein Engländer, den ich je gesehen habe. Groß, hager, hellhäutig, rote

Haare, Sommersprossen und ein unglaublich freundliches Gesicht. Pedro schaut mit besorgtem Blick auf unseren Motor. Stimmt, im Kühlwasser ist Dieselkraftstoff, die Schläuche sind hinüber, genauso wie beide Kühler und noch diese und jene Kleinigkeit. Er will bis zum Abend das Nötigste mit gebrauchten Ersatzteilen reparieren, damit wir wieder damit fahren können. Wir sollen auf jeden Fall die Temperaturanzeige immer gut im Blick behalten, bis wir ihm das Auto für eine genauere Diagnose in die kleine Garagenwerkstatt bringen können.

Ostermontag. Auf Madeira kein Feiertag. Für uns auch nicht, denn heute wird der schwarze Defender in den Container gesteckt, Termin 11 Uhr auf dem Hof der Spedition *Rodabrigória* in Funchal. Bevor wir losfahren, dränge ich noch darauf unsere Spezialspanngurte für die Sicherung des Wagens im Container mitzunehmen.

»Wieso? das ist doch eine Spedition! Außerdem haben wir die Anweisung bekommen, dass wir nicht selbst verzurren dürfen« meint mein Mann.

»Pack' sie ein. Kann ja nichts schaden. Wenn sie bei uns in der Garage liegen sind sie ganz und gar nutzlos.«

Wir sind kurz vor elf auf dem »Trucker-Hof« und werden – oh, Wunder – schon erwartet. Der LKW steht mit Container an der Rampe bereit, der Chef der Spedition wartet bereits mit den Zollpapieren in der Hand, ein Arbeiter hat Hölzer und ein dünnes, blaues Nylonseil bereit gelegt. Wir müssen vor dem Hineinfahren nochmals versichern, dass der Tank fast leer ist, wobei uns dieses »Muss-Leer-Sein« bei Dieselkraftstoff überhaupt nicht einleuchtet. Aber, was soll man machen?

Dann beginnt der Arbeiter in der dunklen Enge des Containers mit den Holzbohlen eine Spursicherung auf den Holzboden zu nageln. Selbst draußen auf der Rampe ist der Lärm, den die Hammerschläge in dem Kasten aus Metall verursachen, fast unerträglich. Der gute Mann arbeitet, wie hier immer noch üblich, natürlich ohne Gehörschutz und wir machen uns mal wieder Gedanken darüber, wie schlecht es hier um die Arbeitsschutzbedingungen bestellt ist. Da fällt unser Blick auf eine große Hinweistafel, auf der EU-konform alles in Bild und Text festgehalten ist, was Schutzvorschriften angeht, auch das Tragen von Gehörschutz. Der Chef, auf diese Tafel hingewiesen, nickt nur und meint, ich solle halt ein wenig weiter weg gehen, wenn es mir zu laut sei. Also hat er nichts verstanden. Oder hält er die Vorschriften für überflüssig?

Inzwischen haben sich noch ein paar mehr Zuschauer um uns geschart, die alle ganz aufmerksam verfolgen, was da mit unserem Auto passiert. Wir fragen uns: ›Ist das wirklich so ein ungewöhnliches Ereignis ein Auto im Container zu stauen, dass selbst der Chef des Unternehmens die ganze Zeit mit daneben steht?‹ Beim Abklemmen der Batterie wird klar, dass diese Aktion selten verlangt wird – mein Mann muss mit einschreiten.

Dann geht es ans Verzurren. Sie haben doch tatsächlich vor, das tonnenschwere Gefährt mit einem einfachen Strick festzubinden. Gut, dass wir die Spanngurte dabei haben. Noch besser, dass mein Mann damit umzugehen weiß, denn scheinbar wurden solche Gurte hier noch nie benutzt. Ab jetzt arbeitet mein Mann mit, und nach mehr als einer Stunde können endlich die Containertüren geschlossen werden. Sie gehen aber nicht zu, weil ein Riegel verbogen ist. Das Stemmeisen zum Geradebiegen wird gesucht und ist nicht zu finden. Es muss also noch im Container, vermutlich unterm Auto, liegen. Und so ist es. Nicht auszudenken was das schwere Stück Eisen während des Transports auf hoher See alles kaputtgeschlagen hätte.

Jetzt wird das nummerierte Keramiksiegel in die Verschlusslaschen gedrückt, wir unterschreiben, nachdem wir die Übereinstimmung der Nummern überprüft haben und ... stellen fest, dass sich die Tür trotz Siegel noch öffnen lässt. Fehler oder Absicht? Auf jeden Fall verlangen wir, dass das Keramiksiegel wieder aufgeflext wird und achten darauf, dass die Türen mit beiden Hebeln verriegelt werden. Ein neues Siegel wird eingesetzt, die Transportpapiere müssen noch mal geändert werden ...was für ein Aufwand!

Mit ein paar Fotos und von der ganzen Aktion verlassen wir nach zwei Stunden den Speditionshof mit unserem zweiten, und jetzt einzigen Defender und erleben wenige Minuten später das nächste Dilemma: wieder kommen kleine Dampfwölkchen aus dem Motorraum, wieder ist ein Kühlschlauch gerissen. Hört denn der Ärger mit den Fahrzeugen niemals auf?

So können wir nicht weiter fahren. Der Wagen muss in die Werkstatt und wir nehmen Ilídio den Autoverkäufer zum Übersetzen mit. Denn, wenn Pedro anfängt zu sprechen kann ihn weder mein *não comprendo*, ich verstehe nichts, noch mein *fala devagar*, sprich langsam, bremsen. Er lässt uns einige Stunden später mitteilen, dass es wahrscheinlich nicht am Kühler, sondern am Zylinderkopf läge, dass sich im Kühlsystem Wasser und Diesel vermische. Auch mir, als absoluten Laien ist klar, dass dies das Herzstück des Motors ist und, dass das teuer wird. Außerdem müssen alle Schläuche des Kühlsystems und der große Kühler ausgewechselt werden. Zur Sicherung der Diagnose will er den Zylinderkopf ausbauen und in einer Spezialwerkstatt die Kompression testen lassen. Der gute Ilídio ist genauso blass wie wir und befürchtet vermutlich, wir würden ihm Scherereien machen, weil er uns ein »Schrottauto« verkauft hat. Jedenfalls stellt er uns ungefragt einen Leihwagen für die Zeit der Reparatur zur Verfügung, denn unser Schwarzer ist ja nun gerade nach Deutschland abgefahren. Zweifellos drängt sich der Eindruck auf, dass irgendetwas völlig falsch gelaufen ist. Sinnlos zu fragen, was wir besser hätten machen können. Wir stecken mitten drin im Schlamassel. Immerhin haben wir jetzt keine Behörden mehr am Hals!

Bitte sehr! – *Faz favor!*

Wir leben nun für mehrere Monate im Jahr in Portugal und sprechen überwiegend Englisch. Das fühlt sich nicht richtig an. Sprache ist eine Form der Identifikation. Sich mit der Landessprache vertraut zu machen, bedeutet sich eine Heimat zu schaffen. Das ist es, was wir wollen. Wir möchten nicht mehr als Touristen wahrgenommen werden. Doch unsere aktiven Beiträge beschränken sich derzeit noch auf *uma bica, por favor* – einen Espresso bitte, *a conta* – die Rechnung, und wenige andere Formulierungen des täglichen Bedarfs.

Das deutsch-portugiesische Lehrbuch »Portugiesisch in 4 Wochen« erweist sich als Schwindel. Ich habe schon etliche Fremdsprachen gelernt, doch Englisch, Französisch, Italienisch oder Spanisch sind entweder einfacher, oder mein Gehirn war früher aufnahmefähiger. Alle portugiesischen »Gehversuche« münden in ein kopfschüttelndes Unverständnis bei meinem jeweiligen Gegenüber. Und umgekehrt ist es noch schlimmer. Wir brauchen also richtigen Unterricht!

Bei einem Friseurbesuch bei Sofia lerne ich ihre deutsch sprechende Tochter Catarina kennen und erfahre so nebenbei, dass Catarina Deutsch und Englisch an der *Escola Básica e Secondária* in Calheta unterrichtet. Ich packe die Gelegenheit beim Schopf und frage nach Privatunterricht. Catarina ziert sich ein wenig, doch wir kommen überein, dass wir wöchentlich anderthalb Stunden mit ihr Portugiesisch lernen können, wenn wir nicht auf feste Zeiten angewiesen sind. Sie engagiert sich sehr für ihre jugendlichen Schüler, das soll durch Privatunterricht nicht zu kurz kommen. Wir wagen einen Versuch.

Nach wenigen Unterrichtsstunden sind wir überzeugt, dass wir eine tolle Lehrerin gefunden haben. Obwohl wir uns mit ihr auch mit einem Lehrbuch durch die Grammatik hangeln, macht es Spaß, und nebenbei bekommen wir wertvolle Informationen über Land, Leute, Traditionen und spezielle Ausdrücke, die man nicht im Wörterbuch findet.

Faz favor! – Komm, rein! Setz dich! Bitte sehr! Was möchtest du?
Vamos lá! – Los, Beeilung!
Sei lá. – Was weiß ich. Keine Ahnung.
Estou farto! – Mir reicht es!
No que me diz respeito. – Meinetwegen.
Que grande salada russa! – Was für ein Durcheinander!
Não há nada de graça. – Es gibt nichts umsonst.

Wir sitzen zu dritt in ihrem kleinen privaten Arbeitszimmer, die Familienmitglieder stecken ab und zu mal den Kopf durch die Tür um etwas zu fragen, lächeln uns scheu an und verschwinden schnell wieder, wenn Catarina sie mit Blicken straft. Mit uns ist sie sehr geduldig. Sie korrigiert die immer gleichen Aussprachefehler, die unsere portugiesischen Fragmente so unverständlich machen.

»*Não é é, é e!*« soll uns klarmachen, dass ein »e« wie »i« gesprochen wird und »und« heißt und ein »é« mit der Aussprache »ä«,»er, sie es ist«. Alles klar?

Dann die Nasale, entweder mit Tilde »~« oder einem »m« am Wortende, bei dem der Mund offen bleibt. »*O pão* – das Brot«, nicht zu verwechseln mit »o *pao* – der Stock«. Oder »*tem* – er, sie, es hat«, gesprochen wie »taing«, und »*têm* – sie haben«, gesprochen wie »taaing«!

Vier unterschiedliche Akzente stehen für die Betonung der Silben, wenn es keine gibt, entscheidet der Endbuchstabe, wo betont wird.

Von der Grammatik haben wir bisher noch gar nicht gesprochen.

Nach einer Unterrichtsstunde ist uns immer ganz schwindelig. Ich merke, dass ich den Wohlklang des Italienischen vermisse, diesen perlenden Gesang, der gestenreich untermalt wird. Portugiesisch hört sich für Fremde wie ein einziges Genuschel an mit seinen vielen

»-sch, -usch, -asch, -oisch, -eisch, -iing, -eing, -ainsch-« und so fort.

Nun versuche ich natürlich meine neuen Kenntnisse überall einzusetzen. Das ist meist frustrierend! Unsere portugiesische Nachbarschaft spricht Dialekt und ich verstehe nach wie vor nur eine erweiterte Begrüßung.

»*Olá, boa tarde! Está calor hoje.* – Hallo! Guten Tag (wenn wir uns am Nachmittag treffen, sonst *bom dia*)! Heute ist es aber heiß!« Da fällt mir als Antwort nur ein »*Sim, está certo!* – Ja, das stimmt!« ein.

Reagiere ich auf Telefonanrufe mit dem typischen »*Estou!*«, was so viel heißt wie »hier bin ich!« fühlt sich der Anrufer ermuntert sofort in einer ungeheuren Geschwindigkeit auf mich einzureden, so dass ich bitten muss, ins Englische zu wechseln.

Nur mit Luis macht das »Plaudern« wirklich Spaß, denn wir wechseln nur ins Englische, wenn es um etwas sehr Wichtiges geht. Er spricht langsam und deutlich und lässt uns Zeit, die richtige Formulierung zu finden, verbessert nur sporadisch, um den Sprachfluss nicht zu unterbrechen.

Als wir in Erfahrung bringen, dass in der weiterführenden Schule von Calheta ein Sprachkurs für Ausländer angeboten wird, melden wir uns sofort an. Gruppenunterrrricht hat noch mal eine andere Qualität, denken wir. Stimmt! Es geht erheblich langsamer voran! Der Unterricht wird Englisch-Portugiesisch gehalten und man beginnt bei »Adam und Eva«, soll heißen, ein Sprachunterricht für Residenten ohne jegliche Vorkenntnisse. Erstaunt stellen wir fest, dass sich unter unseren internationalen Mitschülern Residenten befinden, die schon seit Jahren dauerhaft auf Madeira leben – und kaum ein portugiesisches Wort sprechen! Nun, für uns bietet der Schulunterricht den Vorteil unser Erlerntes zu wiederholen und zu festigen. Klingt langweilig, ist es aber nicht, weil *o professor* ein Goldschatz ist – ein Lehrer, wie ich ihn mir zu meiner Schulzeit oft gewünscht hätte: locker, witzig, kompetent, einfühlsam, verständnisvoll!

Heimathafen – *o porto de origem*

Auf Madeira geht nichts sofort und auch selten schnell, doch die Reparatur unseres Autos verzögert sich, als wären wir weit von der normalen Welt abgeschnitten. Von der Entdeckung des Schadens bis zur klaren Ansage, ja es ist der Zylinderkopf, der einen Riss hat und ausgetauscht werden muss, vergehen ganze acht Wochen. Acht Wochen, die wir zwar einen Leihwagen von Ilídio zur Verfügung haben, aber was für einen! Die Angst, irgendwo am Berg hängen zu bleiben, fährt immer mit. Wir schaffen nur mit Mühe die Straße hoch zu unserem Haus und, wenn es zu lange bergab geht, dann glühen die Bremsen. Wir haben wenig Lust auf Inselerkundungen und bleiben genervt zu Hause.

Aber anstatt, dass es nach der endgültigen Diagnose zu einer zügigen Reparatur kommen könnte, wird es erst richtig kompliziert. Auf ganz Madeira ist kein passender Zylinderkopf, weder neu noch gebraucht, aufzutreiben. Die Landrover-Niederlassung, in deren Werkstatt Pedro gearbeitet hatte, hat zum 1. Juni dicht gemacht. Pedro, jetzt arbeitslos, hat daher viel Zeit privat an Autos herumzuschrauben, aber es ist sehr schwierig Ersatzteile zu bekommen. Die einfache Ersatzteilbeschaffung war doch einer der Gründe warum wir uns für einen Landrover entschieden hatten. Denn es haben sowohl Polizei als auch Feuerwehr Landrover Defender im Fuhrpark, und wir gingen davon aus, dass deshalb das Reparieren unkompliziert wäre. Fehlanzeige!

Der Zylinderkopf muss also auf dem Festland oder sogar in England bestellt werden. Pedro muss erst einen zuverlässigen Händler finden, denn bislang ging die Beschaffung der Teile über die Niederlassung. Er ist unsicher und möchte immer Rücksprache mit uns halten, denn es geht ja um ein paar tausend Euro. Wie beim Ping Pong geht es hin und her: Ersatzteil gefunden, ja, nein, bestellt ja, nein, kann geliefert werden, ja, nein.

Die sprachlichen Probleme meistern wir nun mit Hilfe von Catarina, unserer privaten Portugiesisch-Lehrerin. Nach unzähligen

Telefonaten kommt nach weiteren sechs Wochen die erlösende Nachricht: »*a cabeça chegou*! Der Zylinderkopf ist angekommen!« Und nach zwei Tagen ist das Auto fertig. So schnell kann es also gehen!

Während sich auf Madeira mein Mann über Kühler, Schläuche und Zylinderköpfe den Kopf zerbrechen muss, schifft sich der schwarze Defender mitsamt Container in Hamburg ein. Dort will ich das Auto im Hamburger Hafen in Empfang nehmen, habe aber ehrlich kein großes Vertrauen, dass das komplikationslos zu machen sein wird. Der Spediteur hat mir zwar freundlicherweise einen »Laufzettel« zukommen lassen, welche Zollformalitäten ich wo zu erfüllen hätte und meinte, dass ich dafür alles in allem etwa 2 Stunden einplanen soll.

Hamburg ist zwar nicht Madeira, aber wenn der Zoll mit im Spiel ist, laufen die Dinge keineswegs schneller oder reibungsloser.

Es ist mein Geburtstag, den ich in einem kilometerlangen Stau auf der Köhlbrandbrücke beginne, um zur Zollbehörde auf der anderen Seite der Elbe zu gelangen. Die erste Stunde ist um und ich beginne mich durch den Gebäudekomplex zu fragen, wer für mich zuständig sei. Im »richtigen« Büro angekommen, wird mir ziemlich unfreundlich klar gemacht, dass man hier keinen Zollvorgang habe, weil das Auto nicht neu eingeführt, sondern wieder eingeführt wird. Ein gravierender Unterschied! Wo ich meine Stempel kriegen kann, sagen sie mir aber erst, als ich selbst auch pampig werde. Ich verlange die genaue Adresse, Namen und Telefonnummer. Man schiebt mir einen Zettel über den Tisch, doch mehr als »Schuppen 48« steht nicht darauf. Dort soll ich das Auto in Empfang nehmen. Und es gibt gratis noch die Bemerkung: »die Zollabteilung ist ganz in der Nähe«. Wer schon mal im Hamburger Hafen war, kann sich vielleicht eine Vorstellung machen, was das alles bedeuten kann. Auf jeden Fall muss ich zurück über die Köhlbrandbrücke, einspurig im Schritttempo, eingekeilt zwischen Hunderten von LKW. Mein Stresspegel hat mittlerweile die verträgliche Höchstmarke erreicht, denn die Zeit verstreicht und ich weiß, dass für die Hafenarbeiter am Freitag um vier Uhr Schicht im Schacht ist und ... ... ich will mir alles Weitere gar nicht vorstellen.

Als ich endlich das Schild »Zoll« entdecke, geschieht ein kleines Wunder. Ich lande im richtigen Gebäude, finde auf Anhieb das richtige Büro und werde von freundlichen Zollbeamten prompt und lächelnd abgefertigt. Vielleicht, weil fast Wochenende ist?

Die nächste Station ist der »Schuppen 48«. Immerhin gibt es Hinweisschilder, denen ich bis zu einer geschlossenen Schranke folgen kann. Dort muss ich mein kleines Auto abstellen und mich zu Fuß in die Welt des Hafens aufmachen. Gut, dass ich meinen erwachsenen Sohn dabei habe, der mich durch seine ruhige Art bisher davor bewahrt hat, komplett auszuflippen. Der Schrankenwärter, ein schmierig feister Typ grinst uns aus seinem Kabuff heraus dreckig an, als ich ihn nach dem weiteren Weg frage. Mit einer Kopfbewegung deutet er auf einen türkisfarbenen Bürocontainer. Wir stiefeln und stolpern zwischen Containern, Kränen und Lastwägen über armdicke Metalltaue, kreuz und quer liegende Eisenstangen und durch tiefe Ölpfützen.

»Das könnte man hier aber auch besucherfreundlicher gestalten,« ist der erste Negativkommentar meines Sohnes auf dieser stundenlangen Odyssee.

An besagtem Bürocontainer angekommen, werden wir scheinbar schon erwartet. Ein schüchtern wirkender Mensch hinter blinden Fensterscheiben, der so gar nicht in das raue Hafenambiente passen will, wedelt uns mit der Zollfreimachung für den Defender entgegen.

Dann kommt das Auto wie aus dem Nichts dahergerollt, ich soll nur noch unterschreiben, dann können wir abfahren. Einfach so?!

Genau in diesem Moment bricht ein gewaltiger Gewittersturm los und alle, mein Sohn, ich und sämtliche Arbeiter von Schuppen 48, versammeln sich Schutz suchend im Bürocontainer. Auch kernige Typen werden nicht gern nass. Während draußen der Wind die dicken Regentropfen gegen die Scheiben platscht, nutze ich die Gelegenheit, die Männer um einen Gefallen zu bitten: Die abgeklemmte Batterie des Defenders muss ja noch wieder angeschlossen und der Fahrersitz darüber befestigt werden. Sie zieren sich: »das dürfen wir nicht, das kostet extra. Das geht nur mit Auftrag über die Hafenbehörde.«

Unglaublich! Ich muss doch mal etwas offensiver werden.

»Jungs, ich will nicht Freitagnachmittag kurz vor vier einen Auftrag an die Hamburger Hafenbehörde für ein paar Handgriffe stellen. Wie wär's mit 'nem Zehner für 'ne Kiste Bier fürs Wochenende?«

Das zieht. Zwei der Kerle bringen den Defender in den trockenen Schuppen und machen ihn fahrbereit. Es ist 15.55 Uhr! Sie haben gleich Wochenende und ich muss noch eine Hürde nehmen, nämlich mit dem Rest an Diesel, der noch im Tank ist – laut Anzeige nichts mehr – eine Tankstelle erreichen, weil ich keinen Reservekanister mitgebracht habe. Der schüchterne Schreibtischmensch druckt mir eine Wegbeschreibung zur nächsten Zapfsäule aus. Ich bin ganz gerührt vor Dankbarkeit über soviel Fürsorge am Ende eines mehrmonatigen Fiaskos.

Wir verlassen den Hafen zügig, bevor der schmierige Schrankenwärter womöglich auch nach Hause geht, und wir das Wochenende doch noch im Schuppen 48 verbringen müssen. Mit leicht zittrigen Knien erreiche ich die Tankstelle, schiebe mich noch mal 2 Stunden durch den Hamburger Feierabendstau und möchte danach am liebsten nie wieder etwas mit Autos zu tun haben. Ein Freund nimmt den Defender in Empfang und will sich für uns um den Verkauf kümmern. Damit ist das Kapitel schwarzer Defender erstmal beendet.

Ich fliege nach einigen Wochen zurück nach Madeira und die Auto-Story mit dem Roten geht weiter. Nicht, dass ich langweilig davon erzählen möchte, wie schön und sicher es sich damit fährt. Ganz im Gegenteil: gerade mal 10 Tage aus der Werkstatt haben wir die nächste Panne. Er fährt nur noch 300-500 Meter am Stück, dann bleibt er stehen. Motor aus, Motor an, wieder ein paar hundert Meter, Ende. Wieder weiß keiner, was das bedeuten kann und noch schlimmer, wie kriegen wir ihn in die Werkstatt? Die Nerven liegen blank.

Es ist Wochenende und wir müssen uns erstmal damit begnügen zu telefonieren: mit Ilídio, dass wir schon wieder einen Leihwagen brauchen, mit Pedro, dass wir versuchen wollen, das Auto am Montag zu ihm zu bringen. Unsere Einkäufe auf dem Wochenmarkt in Prazeres können wir am Sonntag mit dem Roller erledigen – gut, dass dieses Gefährt gerade mal keine Probleme macht.

Die Fahrt zur Werkstatt am Montag ist ein Horrortrip. Wir bleiben mehrmals im Tunnel stehen und zu allem Überfluss auch noch in einem einspurigen Baustellenbereich. In Ribeira Brava steuern wir direkt Ilídios Autohof an. Wir wollen keinen einzigen Kilometer weiter fahren. Ilídio erklärt uns mit seinem treue-Hunde-Blick, dass ihm das alles schrecklich Leid täte, er aber im Moment kein Leihauto für uns hätte. Auch das noch! Wir sind wirklich sauer und können diesmal stur bleiben.

»Sieh zu, wie du uns helfen kannst!«

Er telefoniert mehrmals mit Pedro und kommt dann mit dem Vorschlag, uns jetzt erstmal nach Hause zu bringen, dann den Defender in die Werkstatt abschleppen zu lassen und uns am Mittwoch ein Auto von Pedro zu bringen. Immerhin, das klappt. Allerdings weiß am Freitag noch immer keiner, warum das Auto bei laufendem Motor nicht fährt, denn bislang ist es noch nicht in Pedros Werkstatt angekommen. Vermutungen, die vierstellige Euro-Beträge fürchten lassen, gewinnen Raum, wenn wir Eigenrecherche im Internet betreiben. Nach einer Woche kommt der erlösende Anruf: *»O carro está pronto!«* Das Auto ist fertig – und es kostet »nur« 350 Euro. Defekt war eine elektrische Steckverbindung am Gaspedal. Eigentlich ganz harmlos, aber mit gravierender Wirkung. Pedro erklärt uns in seiner unnachahmlichen Art, wie er auf Fehlersuche war, *»o meu Deus! Credo!«*, gebraucht eine Auswahl an gängigen Schimpfwörtern: *»Foge! Caramba! Poça!«* und bekreuzigt sich noch dreimal bevor er uns damit fahren lässt. Ob Gott wohl was für Autos übrig hat, speziell für Landrover? – wir bitten auch darum.

Die Feste – *as festas*

Es gibt im Sommer, und der beginnt im April und endet im Oktober, kein Wochenende, an dem nicht in irgendeinem Ort der Insel ein Fest wäre. Den Karneval mal ausgenommen, der auch auf Madeira im Februar/März gefeiert wird, startet die Saison mit dem Zuckerrohrfest in Canhas, Anfang April. Was folgt, sind Feste, die den Blumen, Früchten (Kirschen, Äpfel, Anonas, Kastanien), Fischen, Muscheln und Schnecken und womit man als Insulaner halt sonst noch so zu tun hat, gewidmet sind. Der Ablauf ist eigentlich immer ähnlich: das Dorf wird mit Girlanden geschmückt, eine Bühne und Stände mit der jeweiligen Spezialität und weitere mit Essen und Trinken aufgebaut, eine Messe abgehalten, ein Umzug oder eine Prozession gemacht und – ganz wichtig! – Feuerwerke gezündet. Einheimische, Verwandte und Touristen strömen zusammen, sehen sich verschiedene Laiendarbietungen auf der Bühne an, essen, trinken und haben mehrere Tage und Nächte Spaß.

Besonders inbrünstig begehen die Inselbewohner ihre kirchlichen Feste. Viele davon haben sogar Wallfahrtscharakter. Unser erstes erleben wir in Prazeres. Wir treffen uns Freitagnachmittag auf dem Kirchhof mit einer jungen Frau aus Deutschland, die wie wir auch ihren ersten Sommer auf Madeira verbringt und ebenso neugierig auf all diese Traditionen ist. Wir kommen gerade rechtzeitig bevor die *banda musica,* eine Blaskapelle, eine kleine Prozession anführend auf den Kirchplatz kommt. Frauen, Männer und Kinder tragen ihre Opfergaben in die Kirche zur Segnung und hinten wieder hinaus zu einer Holzhütte, die als Tombola dient. Da werden kunstvoll drapierte Türme aus Eiern auf dem Kopf balanciert, Bananenstauden geschleppt, Brotberge, Torten, Fruchtkörbe, Weinflaschen, ja sogar Sixpacks Bierdosen an der heiligen Madonna vorbeigetragen. Während sich die Prozession noch durch die Kirche windet, werden hinten im Hof bereits die ersten Gaben in der Holzhütte verhökert.

Das Prinzip ist einfach: bring was mit, kauf was anderes und die Kirche bekommt das Geld. Es ist ein munteres Gedränge um all die feinen Dinge, die jetzt im Angebot sind und bald sind alle Leckereien, Getränke und Lebensmittel verkauft. Die Häkel- und Stickarbeiten, vermutlich von den Seniorinnen an zahllosen Gemeindenachmittagen gefertigt und der Kirche gespendet, bleiben aber unbeachtet. Das ist schade, denn hier haben viele fleißige Hände feine Handarbeiten geschaffen, die keiner haben möchte. Ich kaufe ein besticktes Geschirrtuch, ein wenig kitschig, aber immerhin nützlich.

Die Musiker sind inzwischen mit ihren Blasinstrumenten auf die kleine Bühne geklettert, die mehr wie ein offener Bauwagen aussieht. So schmal, dass die 15 Männer und Frauen, die sich auf zwei langen Holzbänken gegenübersitzen, gar nichts anderes als ein nach vorne gerichtetes Instrument spielen können, so eng sitzen sie Schulter an Schulter. Was da vorgetragen wird, ist aber mitnichten Kirchenmusik. Sie spielen ein bisschen portugiesische Volksmusik, aber überwiegend erklingen eingängige Klassiker aus der internationalen Schlagerwelt.

Es wird wie auf allen Festen dieser Welt gegessen und getrunken und geschwatzt – und weil uns keiner sagen kann, ob es noch ein weiteres Programm gibt, trollen wir uns nach drei Stunden und springen lieber noch mal zum Schwimmen ins Meer.

Eine Woche später rüstet sich unser eigenes Dorf für das große Fest von *Nossa Senhora de Graça*, der heiligen Jungfrau, die in Estreito da Calheta verehrt wird. Es ist wieder Freitag und über die Lautsprecher, die hoch oben am Kirchturm hängen, dröhnt lautes Geschrammel, manche nennen es Musik. Wir sehen, wie bunte Girlanden und Lichterketten über den Kirchhof gespannt werden und lassen uns von unserer Portugiesisch-Lehrerin aufklären. »Wir beginnen heute mit den Vorbereitungen. Das Fest beginnt nächsten Donnerstag.«

»Aber Mariä Himmelfahrt ist doch am Freitag?!«

»*Sim, sim*, wir feiern in diesem Jahr vier Tage lang. Am Donnerstag ist *Véspera*, der Festtags-Vorabend, dann feiern wir den Tag von *Nossa Senhora das Graças* mit einer Prozession, am Samstag findet die Kindermesse statt und am Sonntag beenden wir das Fest mit einer blumengeschmückten Prozession.«

Na denn! Eine böse Vorahnung bestätigt sich während der nächsten Tage: von morgens zehn bis nachmittags um fünf werden die Leute, die mit dem Schmücken der Straßenzüge beschäftigt sind, mit gefühlten 120 Dezibel Humba-Humba-Musik unterhalten und das ganze Dorf muss es sich mit anhören. Je höher man wohnt, um so lauter wird es, denn der Schall scheint sich pro Höhenmeter zu verdoppeln.

Wir versuchen es mit Gelassenheit hinzunehmen.

Dann, am darauf folgenden Donnerstag, geht Punkt zwölf Uhr mittags ein Höllenspektakel los. Zehn Minuten Knall und Rauch – es wird geböllert. Am hellen Tage wird das Feuerwerk zum Auftakt des Festes ohne Farbe in den Himmel geschossen. Wir sind, wie so oft, irritiert: was ist das für ein seltsamer Brauch? Und lassen uns belehren, dass es beim mittäglichen Auftaktfeuerwerk vor allem auf die Geräusche ankommt. Wir sollten nur genau hinhören, dann würden wir die Komposition des Peng-Peng-Peng schon erfassen.

Nach sechstägiger Dauerbeschallung glauben wir nun, dass uns nichts mehr schrecken kann und wollen uns am Abend ins Getümmel stürzen. Als die grausame Musik aus den Lautsprechern gegen halb neun abends aufhört und wir das Blasorchester hören, machen wir uns auf den Weg hinunter zur Kirche. Schön und festlich sieht es aus, wie sich der bunte Girlandenschmuck gegen den dunkelblauen Abendhimmel abhebt. Die Straßen und Gassen rund um den Kirchplatz sind gesäumt mit den üblichen Buden mit bunten Taschen, Hüten, Batikhemden, blinkendem und klapperndem Spielzeugschrott und in gehörigem Abstand hat sich die Fressmeile postiert. Etliche Holzstände mit aufgehängten Rinderseiten bieten frisches Fleisch und Lorbeerspieße für *Espetadas* an. Das heißt, wer Hunger hat, lässt sich ein Kilo Fleisch (weniger gibt es nur mit Gemurre) in Stücke schneiden und auf einen frischen

Lorbeerspieß stecken. Zum Grillen stehen mehrere offene Feuer in halbierten Metalltonnen bereit. Nebenan wird frisches *Bolo do Caco,* der traditionelle Brotfladen aus Süßkartoffeln und Weizenmehl, gebacken. Die Bierstände sind schon ordentlich belagert, wir gönnen uns mal wieder eine *Poncha,* diesmal mit Maracujasaft.

Die Lautsprecher übertragen die Abendmesse nach draußen, die Kirchentüren stehen weit offen und die Kirche ist rappelvoll. Langsam füllt sich auch der Kirchhof mit Gruppen junger Leute, Familien mit Kindern, ja ganzen Sippen. Auf der kleinen Bühne sitzt die *banda musica* und spielt hin und wieder ein kurzes Musikstück »gegen« den Kirchgesang. Auf der großen Bühne packen die Musiker der »Rockband« so langsam ihre Instrumente aus. Das scheint ja eine lange Nacht zu werden!

Der Feuerwerker hat indessen seine eigenen Regeln. Er knallt ganz frech mehrfach während der Predigt seine Raketen ab und lässt zumindest mich immer wieder zusammenzucken. Als kurz vor elf die ersten Kirchgänger heraustreten, gibt es gleich einen Gegenstrom in die Kirche hinein.

»Findet jetzt womöglich noch eine zweite Messe statt«, fragt ein Tourist neben uns.

»Keine Ahnung, wir erleben dieses Fest auch zum ersten Mal.«

Wir reihen uns ein, um zu sehen, was da vor sich geht. Langsam schieben sich die Leute vorwärts bis zur heiligen Madonna, die rechts vom Altar hoch über einem Meer von Blumen thront. Davor wird sich bekreuzigt oder man küsst die Füße der Marienstatue. Es ist schon sehenswert: da staksen junge Frauen in Highheels und Super-Mini, womöglich noch bauchfrei, genauso bigott durch die Kirche, wie einfache Bauern im »Sonntagsstaat« oder die feinen älteren Herrschaften, die aus Südafrika eingeflogen sind, um das Fest aller Feste mit der Sippe in der Heimat zu verbringen.

Nun hat aber inzwischen wenigstens die *banda musica* ihre Bauwagenbühne erklommen und schmettert Evergreens über den inzwischen sehr belebten Kirchhof. Wir fühlen uns ein wenig einsam zwischen den vielen schwatzenden und ausgelassenen Menschen, warten aber noch ein Weilchen auf den Beginn des versprochenen

Rockkonzerts. Es ist fast Mitternacht, als die vier Musiker endlich ihre Instrumente zur Hand nehmen und – oh Graus – die gleichen Schmonzetten runterorgeln, die wir schon seit einer Woche aus den Lautsprechern ertragen mussten. Jetzt reicht es, wir gehen nach Hause. Was uns nicht klar war: wir hören in unserem Bett das Konzert mindestens ebenso laut, als würden wir vor der Bühne stehen – ein physikalisches Lehrstück aus dem Bereich der Akustik. Wie verhält sich Schall am Berg? In unserem Fall: laut bis morgens um vier Uhr.

Am nächsten Tag, es ist Mariä Himmelfahrt, der 15. August, dudelt bereits ab 10 Uhr morgens wieder die portugiesische Schlagerparade unterbrochen von Raketenschüssen. Senhora Conceição, unsere 87 jährige Nachbarin macht sich um zwei Uhr nachmittags in feiner Robe auf den Weg zur Kirche. Wir fragen, wann die Prozession beginnt.

»*As três*! – um drei!«

Wir wollen nichts verpassen, also starten wir kurz vor drei Uhr unsere Vespa und rollern zur Kirche. Es ist ziemlich heiß und wir suchen uns einen schattigen Platz auf einer Bank im Kirchhof, der sich mehr und mehr mit Menschen füllt, die sich alle richtig fein herausgeputzt haben. Kleine Mädchen in weißen Prinzessinnenkleidchen, junge Frauen in eleganten Kleidern, ältere in Kostümen, die Männer in schwarzen Anzügen, kleine Jungs mit Bundfaltenhose, weißem Hemd und Weste. Die Musiker der *banda* hängen noch am Bierstand herum, es ist schön ruhig und friedlich – außer den obligatorischen Raketenknallern. Wir treffen Bekannte aus dem Nachbardorf und haben viel Zeit zu plaudern, denn um drei beginnt erstmal gar nichts. Die Kirchenglocken läuten zwar immer mal wieder sehr energisch, doch die Kirche füllt sich nur langsam. Die meisten der Herankommenden, stellen oder setzen sich vor der Kirche zu den anderen, die schon da sind. Dann formiert sich der Kirchenchor, das sind die rot-schwarz Gewandeten, zu denen auch unsere Nachbarin gehört, und dann erst strömen alle hinterher und die Messe fängt endlich an. Es ist kurz nach vier Uhr! Wie lange mag das noch dauern? Ungeachtet der Raketen, die in immer kürzeren Abständen abgefeuert werden, predigt der Pfarrer immer weiter, und noch ein Lied, und noch ein Gebet. Nach fast zwei Stunden treten als erstes die kleinen, weiß gekleideten Mädchen aus der Kirche. Die *banda musica* geht zusammen mit den kleinen Jungs hinterher, die rot-schwarz gewandeten Damen und Herren, alle in sehr fortgeschrittenem Alter, schließen auf. Dahinter formiert sich zweireihig ein langer Zug von Prozessionsteilnehmern, jeder mit mindestens einer langen brennenden Kerze in der Hand. Es ist immer noch ziemlich heiß, und man kann sich vorstellen, wie sich die Kerzen nach kurzer Zeit nach unten biegen und das Wachs auf Hände und Ärmel von Blusen und Anzugjacken tropft, vom Schweiß mal ganz zu schweigen. Uns wird erzählt, dass all jene kerzentragenden Gläubigen mitlaufen, die entweder schon mal ein Wunder durch die Madonna erfahren haben oder um ein solches in der Zukunft bitten. Das Ende der Prozession bilden die Blumen streuenden Mädchen in rot-bunter Madeira-Tracht vor den Madonnenträgern mit der geschmückten Marienstatue. Die drei Pfarrer bilden den Schluss. Doch dann reihen sich alle, die bislang nur als Zuschauer ohne Kerze am Straßenrand standen, dahinter ein und begleiten die Prozession zurück zur Kirche.

Am Abend zu Hause denken wir darüber nach beim nächsten Mal auch mitzulaufen und das Wunder eines Schallschutzes für die Festtage zu erbitten.

Wanderung:
Levada do Caldeirão Verde

Tags darauf brauchen wir ein wenig Abstand zum Dorfgeschehen und den Festivitäten allerorten. Es zieht uns in den Nordosten. Knapp 2 Stunden sind wir unterwegs, um die Insel von Ribeira Brava nach São Vicente zu queren und dann auf einer der letzten »wilden« Strecken an der Nordküste nach Santana zu fahren. Die

Küstenstraße führt durch alte, schwach beleuchtete Felstunnel, wird immer mal wieder einspurig und zeugt von der Rauheit dieses Teils der Insel mit Steinschlagschäden, weggebrochenen Straßenbefestigungen und demolierten Leitplanken. Tiefe Taleinschnitte bei Boa Ventura und São Jorge müssen auf kaum besseren Straßen kilometerweit ausgefahren werden. Ein üppiges, blaues Band von Schmucklilien und Hortensien begleitet uns durch die spärlich besiedelte sattgrüne Landschaft. Beim Forsthaus *Queimadas*, wollen wir unsere Levadawanderung zum *Calderão Verde,* dem grünen Kessel beginnen. Die spektakuläre Tour lässt uns zu Fuß noch tiefer eintauchen in einen der ältesten Wälder Madeiras. Majestätische Baumriesen, verschiedene Lorbeerarten, Ölweiden, Baumheide, Baumwacholder, Farne, Moose und Flechten zeichnen eine grünen Dschungel, der so einmalig ist, dass er von der UNESCO zum Weltnaturerbe erklärt worden ist. Die charakteristischen Eigenschaften des *Laurissilva* sind Schatten und Feuchtigkeit. Und weil sein Grün Wasser aus den Wolken und Nebeln ziehen kann, gilt er als lebenswichtiger Wasserspender der Insel.

Die Levada bringt uns bald aus dem hohen Wald heraus und auf schmalem Pfad wandern wir hinein in die scheinbar undurchdringliche Bergwelt. Neben uns tun sich Abgründe auf, doch schwierige Passagen sind gut gesichert. Dann müssen wir vier relativ niedrige Tunnel passieren und sind froh jeder eine Taschenlampe dabei zu haben. Nicht nur, weil es stockdunkel, sondern auch eng und glitschig auf dem Fels zu laufen ist. Über weite Strecken verläuft die Levada durch eine senkrecht abfallende Wand und wir balancieren zwischen Fels und Drahtseilsicherung auf einem schmalen Mäuerchen. Wer hier nicht schwindelfrei und trittsicher ist, hat schlechte Karten.

Zwei Stunden später haben wir den Einstieg zum grünen Kessel erreicht. Ein paar mutige Wanderer springen in das kalte Wasser des Bergtümpels, der von einem Wasserfall aus 200 Metern Höhe gespeist wird. Wir lassen uns auf einem der großen Felsblöcke im Bachbett zum Picknick nieder, bevor wir uns auf den Rückweg machen. Stilles Genießen ist heute nicht möglich, denn diese

Wanderroute gehört zu den Highlights jedes Wanderurlaubers auf Madeira und ist im August entsprechend überlaufen. Nach fünf Stunden kommen wir müde, glücklich und verschwitzt zurück nach *Queimadas*. Gut, dass wir immer Badezeug im Auto dabei haben, denn es ist auf unserem Heimweg nur ein kleiner Abstecher zum kleinen Schwimmbad im *Calhau*. Dort lockern wir die angestrengten Muskeln beim Planschen mit Meerblick – ganz alleine in der Abendsonne!

Von unserem Wanderausflug erfrischt, wollen wir am Sonntag die blumengeschmückte Prozession in unserem Dorf anschauen. Es ist ja auch der letzte Tag des Festes und damit der eigentliche Höhepunkt. Am späten Vormittag finden sich Dutzende Frauen und Männer mit Körben und Kisten voller Blüten und Blätter ein: blaue und weiße Agapanthusblüten, rote, gelbe und orangefarbene Dahlien, Hortensien, Margariten, Lilien, Moose, Farnwedel, Samenkapseln des Ginsters, roter Fuchsschwanz, Rosmarin, und, und, und ... Dann beginnt ein kreatives Spiel mit der Floristik. Jeweils zwei Frauen legen ein bis zwei Meter Blütenteppich – farbenfrohe Muster, Bilder von Segelschiffen, Kreuzen, Sonnen und sonstigen biblischen Motiven – auf den Straßen aus, über die die Prozession nach der feierlichen Messe mit der heiligen Madonna ziehen wird. Als alles fertig ist, zieht sich ein meterbreiter Blumenstreifen über zwei Kilometer dahin, der fleißig gegossen werden muss, damit die schönen Muster und Ornamente in der gleißenden Augustsonne frisch bleiben, bis die Madonna endlich aus der Kirche getragen wird. Das Interessante an diesem zweiten Prozessionstag ist nur dieser unglaubliche Blütenteppich, ansonsten ist es der gleiche Ablauf wie zwei Tage zuvor, allerdings ohne Kerzen. Rechts und links der Blüten ziehen die Gläubigen dahin, der Pfarrer schreitet über den Blumenteppich hinweg. Hinterdrein wird der wunderbare Blütenschmuck mit Besen und Eimern entfernt und landet auf dem Friedhofskompost – selbstverständlich mit überlauter musikalischer Untermalung.

Ende August haben wir uns soweit erholt, dass wir uns auf das nächste traditionelle Spektakel einlassen können. In Ponta do Sol findet ein internationales Trachten-Tanz-Treffen statt. Direkt an der Strandpromenade ist eine liebevoll dekorierte Bühne aufgebaut, und die in verschiedenen Trachten gekleideten jungen und alten Tänzer und Musikanten sind zunächst überall im historischen Zentrum des Dorfes zu treffen. So könnte es hier vor 100 Jahren ausgesehen haben.

Wie üblich warten wir erstmal gut zwei Stunden, denn diese Feste haben eigentlich nie einen offiziellen Beginn. Aber Ponta do Sol hat etliche nette Bars und am schönsten sitzt man im Strandcafe *Maré Alto* zum Sonnenuntergang. Als es endlich losgeht, hat sich eine überschaubare Schar von Zuschauern an der Strandpromenade eingefunden. Die Kulisse ist einzigartig: eine von hohen Felsen gerahmte Bucht, links der ruhige Atlantik, rechts die pastellfarbene Häuserzeile mit ihrem englisch-nostalgischen Charme, vor uns die Bühne mit einem Bauernhof unter Palmen. Unter einem tief nachtblauen Himmel strömen die ersten Musiker, Sänger, Tänzerinnen und Tänzer auf die Bühne. Die Internationalität der Gruppen beschränkt sich auf Madeira, die Azoren und die Kanaren, und trotzdem fallen uns deutliche Unterschiede auf. Nicht nur die Trachten – bunt und fröhlich die Madeirensischen, schlicht und dunkel die der Azoren, fein und edel die Kanarischen – sind sehr verschieden, sondern auch das Temperament der Künstler. Die Madeirenser strahlen eine freudige Ausgelassenheit in ihren Auftritten aus, die unglaublich ansteckend wirkt. Die Tänzer der Azoren, insgesamt eher ältere Jahrgänge, musizieren und bewegen sich mit großer Ernsthaftigkeit. Da huscht selten mal ein Lächeln über die Gesichter. Ganz anders die jungen Leute der Kanaren: ihre Musik ist temperamentvoll, ihre Tänze sind leidenschaftlich, ein bisschen an Flamenco erinnernd.

Zu den Instrumenten, die alle Tanzgruppen spielen, wie Akkordeon, Laute, Flöte, Violine, Trommel und Mundharmonika, erklingen bei den Madeirensern außerdem der *brinquinho* und die *braguinha*. Der *brinquinho* ist eine Art Schellenbaum der türkischen Janitscharenmusik aus dem 16. Jahrhundert. Ein Stab mit etlichen, in Trachten gekleideten Püppchen wird gedreht und geschüttelt, so dass die *castanholas*, hölzerne Kastagnetten, die die Püppchen auf dem Rücken tragen, zu klappern beginnen. Von der *braguinha*, einem sehr kleinen, gitarrenähnlichen Zupfinstrument mit meist vier Saiten, wird behauptet, sie sei der Ursprung der hawaianischen Ukulele. Die meisten Musikinstrumente haben ihren Ursprung im Norden Portugals, ebenso wie die Trachten der Insel. Verständlich, denn die ersten Siedler der Insel kamen vor allem aus dem *Minho*, der heutigen nördlichen Grenzregion zu Spanien. Und so gibt es nicht nur eine Tracht für Madeira, sondern eine folkloristische Vielfalt, je nach Herkunftsort, mit farbenfrohen Röcken, Blusen, Schürzen, Kopftüchern und Umhängen bei den Frauen und weißen Hemden, Filzweste und Halstuch bei den Männern. Ihre Kopfbedeckung ist entweder die bäuerliche braune Strickmütze mit den Ohrenklappen – ein eindeutiger Hinweis, dass es auf Madeira auch sehr ungemütliche Regionen gibt, oder eine flache, traditionell bunte Stoffkappe mit einem langen, dünnen Zipfel, der wie eine Antenne vom Kopf absteht.

Anfang November – wir haben Besuch aus Hamburg – nehmen wir das nächste Fest in unser Wochenendprogramm: *Festa das Castanhas,* Kastanienfest in Campanário. Wir bekommen den Tipp von einer deutschen Bekannten, die selbst noch nicht dabei gewesen ist, aber gehört hat, dass in Campanário das Fest nur von Einheimischen gefeiert wird, ohne den ganzen Touristenrummel, den man beim gleichnamigen Fest im Nonnental, *Curral das Freiras,* geboten bekommt.

Campanário, an der Südküste gelegen, scheint uns für einen sonnigen Nachmittagsausflug im November genau das Richtige zu sein und so fahren wir unbesonnen und leicht bekleidet in Calheta los mit einer sehr vagen Beschreibung unseres Ziels: »...ist ab Dorfmitte ausgeschildert.«

Stimmt, bei der Kirche entdecken wir den ersten Wegweiser. Es geht nach oben, Serpentine um Serpentine, Kilometer um Kilometer. Längst haben wir die sonnige Küste verlassen, die Wolken um uns werden immer dichter, die Straße immer enger.

»Bist du sicher, dass wir hier richtig sind?« ist eine berechtigte Frage.

Wir erkundigen uns bei ein paar Jungs, die mit ihren Geländefahrrädern, über die Wiese heruntergeprescht kommen und werden bestätigt: »*sim, sim*, es sind nur noch zwei Kilometer.«

Ok, das schaffen wir nun auch noch – und dann die große Überraschung nach der letzten Kurve: Hunderte von parkenden Autos am Wegesrand im Nirgendwo.

»Bah, ist das kalt! Wie hoch sind wir denn?«

»Knapp 1200 Meter!«

Wir haben alle vier nur eine dünne Jacke mit, wollen aber unbedingt sehen, wofür wir uns hoch in die Wolken hinaufgeschraubt haben. Nach einem weiteren Kilometer Fußmarsch erreichen wir eine kleine Lichtung im Kastanienwald, das ist die Festwiese. Sehr einfache Bretterbuden oder auch einfach nur Tische, wo diverse Schmankerl aus Esskastanien angeboten werden, Lagerfeuer über denen die Kastanien geröstet werden und wirklich nur Insulaner. Sie sitzen mit ihren Kindern auf Decken im feuchten Gras, stehen in mehreren Gruppen und machen Musik, kippen sich Hochprozentiges in den Hals und machen sich nicht das Geringste daraus, dass es inzwischen angefangen hat zu regnen.

Wir sind definitiv für das Höhengelage falsch angezogen und frieren trotz Kastanienschnaps. Die Alten, mit ihren von Wind und Wetter gegerbten Gesichtern vermitteln uns ein ganz anderes Bild von Madeira, ein ursprüngliches Bild von Inselbewohnern, die keinen Anteil haben an der leichten Lebensart der Einwanderer, die an der sonnenverwöhnten Südküste wohnen und mit Sandalen und hemdsärmlig in die Berge kommen. Fast schäme ich mich für unser Eindringen in diese fremde Welt. Doch ich spüre keine Ausgrenzung, wir sind willkommen. Für zwei Lieder reihen wir uns in den Kreis der singenden und musizierenden Leute ein. Das könnte Spaß machen, wenn wir nicht so frieren würden.

Die Kultur – *a cultura*

Wir sind ja nicht die Kulturnerds schlechthin, aber ab und zu mal ein Konzert, das kann uns schon gefallen. In den ersten Wochen des neuen Jahres schnappen wir ein paar Veranstaltungstipps auf, denen wir im Internet genauer nachgehen möchten. Doch hier sind etliche Hürden eingebaut. Vor März finden wir auf keiner Seite ein aktuelles Jahresprogramm. Wir vergnügen uns also damit zu sehen, was wir bisher versäumt haben und dürfen uns ausmalen, dass auch in diesem Jahr wieder Schönes angeboten wird. Dann wird es langsam konkreter: es gibt ein paar halboffizielle Internetseiten, die ein umfassendes Inselprogramm darstellen. Darin erfahren wir beispielsweise, dass im Juli ein internationales Jazzfestival open Air stattfinden wird. Wer auftritt und wo die Bühne sein wird, wird man in Kürze bekannt geben. Na ja, wir vermerken zumindest die Termine im Kalender, der Rest bleibt spannend bis wenige Tage vor Beginn der Konzerte.

Und dann lässt sich die Inselzeitung *Diário* tatsächlich dazu herab, mal vor – und nicht wie meistens nach – einem Event einen ausführlichen Bericht zu schreiben. Im Santa Catarina Park werden an drei Abenden jeweils zwei Jazzbands auftreten. Dieser Park mit seiner großen, leicht abfallenden Grünfläche, zwischen Funchals Zentrum und dem Hafen gelegen, bietet in der Tat eine fantastische Bühne für eine open-Air-Veranstaltung. Wir sind eine Stunde vor Konzertbeginn da. Und wir sind mal wieder erstaunt! Außer uns flanieren nur etwa noch zwanzig andere Besucher durch den Park. Wir holen uns an der Bar ein Glas Wein, sichern uns in einer der ersten Reihen eine guten Platz – und warten. Urplötzlich, als hätten fünfzig Reisebusse gleichzeitig ihre Fahrgäste ausgekippt, strömen die Konzertbesucher in den Park.

Der Himmel färbt sich in ein lichtes Blau, die Sonne geht hinter uns unter und wir sitzen mitten in einem Riesenpublikum. Touristen oder andere Nicht-Portugiesen sind kaum zu entdecken. Klar, bis man als nicht Einheimischer eine solche Veranstaltung mitbekommt, ist sie ja meist schon vorbei. Wir sind also diesmal unter den Glücklichen! Punkt 22 Uhr betritt der erste Jazzer, ein Pianist, die Bühne – und wir sind wieder erstaunt. So zeitvergessen wie dieses Völkchen normalerweise ist, so pünktlich beginnen sie ein Konzert. Wir hören sehr begeistert bis nach Mitternacht zu und beschließen, gleich die nächsten Abende wieder dabei zu sein.

Von ganz anderer Qualität ist der nächste Konzertbesuch. Eine Open-Air-Veranstaltung »*em harmonia com natureza*« verspricht ein naturnahes Klangerlebnis. Veranstaltungsort ist ein abgelegener Strand vor einer 500 Meter hohen Klippe, der entweder nur zu Fuß oder per Seilbahn zu erreichen ist. Und es wird um eine Anmeldung gebeten, denn es gibt nur zwei Gondeln, die im 10-Minuten-Takt je sechs Leute nach unten bringen können. Wir animieren unseren Besuch und zwei weitere Bekannte uns zu begleiten, packen eine Picknicktasche mit Brot, Käse, Wein und Obst und fahren an einem Frühlingsabend weit raus in den Westen der Insel, nach Achadas da Cruz. Wir kennen diese Ecke normalerweise menschenleer, doch heute ist der Parkplatz am *Teleférico* bereits überfüllt und die Autos stehen längs der ohnehin sehr schmalen Straße. Die Seilbahn wird normalerweise von den Einheimischen, die nach unten zu ihren Feldern und Gärten gondeln, genutzt. Heute aber ist der Verantwortliche an der Bergstation in heller Aufruhr. So viele Menschen!

Denjenigen, die zum ersten Mal mit uns in der Gondel vor der Klippe hinunterschweben, ist ein wenig mulmig zumute. Doch es ist sehr windstill und die Fahrt verläuft ganz ruhig. Die Sonne taucht die Felswand in ein Bronzebraun und das Meer in schäumendes Türkis. Dazwischen liegen die kleinen grünen Gärten, jeder mit einem Windschutz aus Baumheidezweigen umgeben. Wir lagern mit unserem Picknick bis zum Konzertbeginn auf den großen Felsbrocken am Strand und lauschen der Brandung. Währenddessen richten sich die beiden Musiker ihre »Bühne« auf einem kleinen Hügel ein. Zwei Hocker, ein Verstärker, ein wackeliges Mikrofon und vier Lautsprecher – mehr braucht es nicht.

Sängerin und Gitarrist nehmen die einzigartige Atmosphäre dieses ursprünglichen Fleckchens Erde, eingeklemmt zwischen Fels und Wasser, in ihre Musik auf und bezaubern uns bis kurz vor Sonnenuntergang mit einem Mix aus Rock-Klassikern und portugiesischen Popsongs. Dann heißt es zur Talstation zu eilen, denn die Seilbahn fährt nur bis 21 Uhr. Doch sie werden wohl keinen hier unten vergessen, der dann den beschwerlichen Aufstieg durch die Felswand im Dunkeln machen müsste.

In Calheta gibt es ein Museum. Ein hochmoderner Kubus aus Lavastein, der uns in unserm ersten Urlaub eine phantastische Art-Deco-Ausstellung präsentierte. Danach gab es – nichts mehr! Leer und verlassen thront das architektonische Wunderwerk über der Bucht. Umso erfreuter sind wir, als eine Veranstaltung im Rahmen des sommerlichen Atlantikfestivals im Theatersaal des Museums angekündigt wird. Also kulturelle Sommerevents nicht nur in der Hauptstadt, sondern auch mal bei uns auf dem »Dorf«!

Wir haben keine Ahnung, worum es geht. Wir sind einfach mal wieder kulturhungrig. Es soll eine Tanzperformance sein, mit dem Titel »Dancing with the difference – *Dançando com a Diferença*«.

Sehr speziell madeirensisch ist mal wieder, wie wir hineinkommen: etwas spät dran, eilen wir vom Parkhaus direkt zum Saaleingang, wo wir nach unseren Tickets gefragt werden.

Klar braucht man welche, aber wo kriegen wir sie?

»Egal, es gibt noch einige freie Plätze, gehen Sie einfach hinein. Wir möchten die Türen schließen.«

Und so sitzen wir kostenfrei in einer Veranstaltung von internationalem Rang und Originalität.

Erst beim Studium des Programmblatts wird uns richtig bewusst, dass wir es mit einem Inklusions-Tanz-Theater zu tun haben. Es ist ein Projekt, das vor einigen Jahren auf Madeira von Henrique Amoedo, einem portugiesischen Choreografen, initiiert wurde und mittlerweile weltweit Beachtung findet. Heute sehen wir eine Aufführung mit dem Titel: *Madeira. No centro da cor, o som.* – Madeira. Klang und Farbe.

Es ist eine Hommage an diese Insel, an die Urgewalt der Natur, an die Schönheit von Erde, Wind, Feuer und Wasser, an die Menschen, an das Leben.

Nach dem letzten Vorhang gibt es Standing Ovations für die Darsteller – auch wir sind begeistert. Das war Kampnagel-verdächtig – wäre man in Hamburg.

Und dann entdecken wir in Calheta ein Plakat: jeden Samstag *Fado* in einer kleinen, versteckten Bar. An einem Samstag im August finden wir uns in der Gasse hinter dem Rathaus ein, in Erwartung eines größeren Publikums – es ist ja schließlich Hochsaison. Die Musiker und die Sängerin rauchen vor der Bar. Drinnen sitzt ein einsames englisches Paar und die Wirtin steht mit ihrem Mann hinter dem Tresen.

»Ist der Fado-Abend bereits vorbei?« fragen wir verwundert.

»Nein, nein, sie machen nur Pause. Es geht gleich weiter, bleiben Sie bitte hier.«

›O je‹, denken wir, ›das ist ja eine wirklich traurige Veranstaltung mit zwei oder nun vier Zuhörern.‹

Wir bleiben, bestellen uns einen Rotwein und warten. Als die Gläser leer sind, kommen die Musiker, zwei Männer mit portugiesischer Gitarre und Braguinha und eine Sängerin. Wie es sich für Fadomusiker gehört, schauen alle sehr ernst und als die schwarz und elegant gekleidete *fadista* zu singen beginnt, ergreift auch uns die *saudade*. Dieses Gefühl, für das es keine Übersetzung gibt, etwas das in der portugiesischen Seele lebt und in diesem speziellen Gesang seinen Ausdruck findet. Wir sind ja nur zehn Menschen in der kleinen Bar, inklusive Personal und Musikern, doch die Musik füllt den Raum und das Gefühl von Weltschmerz, Sehnsucht, Melancholie und Nostalgie – *saudade* verbindet uns. Wir fühlen uns schwer und leicht zugleich und spüren ganz deutlich den Unterschied zu den Touristen-Fado-Menüs in der *Zona velha* von Funchal. Nun wissen wir's: das waren keine Fado-, sondern fade Abende.

Zum Abschied bekräftigen die Inhaber, dass die Veranstaltungen weitergeführt werden, zumindest während des Sommers und dass man dabei sei, in *Jardim do Mar* ein neues Fado-Lokal zu eröffnen. Wir machen noch einen Spaziergang über die nächtliche Strandpromenade und da sehen wir, wo das Zuschauerpotential zu finden wäre: in der Strandbar sind mehr als hundert Leute, die sich an einer zweifelhaften Karaoke-Show vergnügen.

Kulturgenuss auf die leichte Art wird uns den ganzen Sommer über im Hotelgarten des *Estalagem* in Ponta do Sol geboten. Endlich haben wir eine Internetseite gefunden, die zuverlässig über das Programm informiert.

Über der malerischen Bucht dieses lieblichen Küstenstädtchens hat man eine wunderschöne historische *Quinta* mit viel Geschmack zum Designhotel erweitert. Der alte Garten mit seinem riesigen Drachenbaum und den duftenden Frangipanis ist an sich schon einen Besuch wert. Die Szenerie für die Wochenendkonzerte setzt ihn jedoch in ein sehr romantisches Licht. Es liegen Decken und große Kissen unter den Bäumen, auf kleinen, flachen Tischchen brennen Kerzen, Laternen umgeben eine angedeutete Bühne vor der natürlichen Kulisse von Himmel und Meer. Mal hören wir klassisches Piano, mal Popmusik, mal die sphärischen Klänge einer isländischen Musikkünstlerin.

Musikalische Vielfalt unter Sternen!

Frühstück mit Walen – *pequeno-almoço com as baleias*

Wir haben die Insel wieder für uns. Die portugiesischen Ferien sind noch nicht zu Ende, doch die sommerliche Bevölkerungszahl Madeiras ist deutlich geschrumpft. Die Fensterläden der Ferienhäuser, darunter einige prächtige Villen, bleiben nun bis Weihnachten oder vielleicht auch bis nächsten August geschlossen. Terrassenmöbel und Sonnenschirme sind weggeschlossen, Pools entleert, damit auch wirklich jeder erkennen kann, dass niemand zu Hause ist. Einer unserer August-Nachbarn, der jedes Jahr für zwei bis drei Monate aus Südafrika in die alte Heimat zurückkehrt, erklärt uns, dass es nur auf Madeira möglich ist, sein Haus unbewacht übers Jahr alleine zu lassen.

»In Südafrika wäre es bereits nach der ersten Woche ausgeraubt. Aber hier, auf Madeira, gibt es keine habgierigen Menschen.«

»Ja, wir hatten in die gleiche gute Erfahrung macht. Wir schlossen Türen und Fenster und machten die Fensterläden zu. Unsere Nachbarinnen schauten also ein wenig aufmerksamer, ab und zu kamen mal Bekannte vorbei, um nachzusehen, ob die Gartenbewässerung funktioniert, ob die Luftentfeuchter im Haus ihren Dienst tun oder ob Sturm und Regen Schaden angerichtet haben. Wenn wir nach einem halben Jahr wiederkamen, war alles in bester Ordnung.«

»Sie haben eine gute Entscheidung getroffen, ein Haus auf Madeira zu kaufen. Auf Wiedersehen, bis zum nächsten Sommer.«

»Auf Wiedersehen und gute Reise!«

Nun können wir also wieder zum Einkaufen fahren, ohne mehrere Stunden vor der Fischabteilung oder der Kasse des Supermarktes einplanen zu müssen. Wir bekommen auch tagsüber einen Parkplatz am Strand, die Hüpfburg in der Bucht ist abgebaut und wir haben wieder freien Zugang zum Wasser. An den Stränden sind nur noch wenige Sonnenschirmchen, das Wasser ist klar und sauber und für einen Kaffee in der Strandbar können wir uns den Tisch wieder aussuchen. Es ist uns nur recht, wenngleich wir nicht verstehen, warum der Tourist als solcher sich am liebsten in Menschenmassen aalt. Das Wetter auf Madeira kann nicht der Grund dafür sein, denn der September ist ein Sommermonat mit heißen Tagen, warmen Nächten und einer wohltuenden Milde in der Luft. Es muss am Spaß für Volksfeste und der Feierlaune der portugiesischen Feriengäste liegen, warum alle auf einmal kommen.

Einer dieser wunderschönen Spätsommertage beginnt sonnig und sehr klar. Kein Wind, kein Dunst, gestochen scharf trennt der Horizont Himmel und Meer.

»Schiff oder Fisch?« fragt mein Mann beim Frühstück.

Ich blicke von meiner Müslischale auf und lasse die Augen übers Meer wandern.

»Ich würde sagen Fisch. Schau nur wie viele Vögel da auf dem Wasser unterwegs sind!« und schon eile ich ins Haus um das Fernglas zu holen.

»Da sind Wale! Und zwar etliche. Da – einer bläst! Oh, das ist ja unglaublich.« Ich reiche das Fernglas an meinen Mann weiter. Nun kann ich einen großen Schwarm Fische auch mit bloßem Auge sehen.

Ich bringe zusätzlich noch das Teleskop mit Stativ auf die Terrasse und wir können fast eine halbe Stunde beobachten, wie sieben Wale und eine große Zahl von Delfinen sich küstennah tummeln. Die darüber kreisenden und kreischenden Sturmvögel lassen uns vermuten, dass es sich hier um ein »großes Fressen« handelt. Wir können von hier oben – immerhin wohnen wir 400 Meter über dem Meer – nicht bestimmen, um welche Arten von Walen und Delfinen es sich handelt. Das wollen wir am Nachmittag bei *Lobosonda*, der Whale Watching Agentur in der Marina von Calheta, erfahren. Vielleicht sind sie heute mit ihren Booten dem gleichen Schwarm gefolgt.

Nein, sie hatten an diesem Tag nur Nachmittagstouren, aber

sie bestätigen unsere Beobachtung, dass es sich um eine Fresssituation gehandelt haben muss. »Die Delfine treiben kleinere Fische zusammen, indem sie sie permanent umkreisen, die Wale nutzen den »gedeckten Tisch« und schwimmen mit offenem Maul einfach durch den Schwarm hindurch. Was übrig bleibt bekommen die Sturmvögel.«

Wir sind uns einig, dass wir bald mal mit einem Boot hinausfahren sollten, um diese prächtigen Tiere aus der Nähe zu sehen. Wenn da nur nicht die doofe Erinnerung an unsere letzte Bootstour wäre. Vor drei Jahren im roten Meer ist uns beiden so übel gewesen, dass wir uns geschworen hatten nie wieder auf so ein Schaukelschiffchen zu steigen. Man rät uns, nicht das nostalgische, bunte Holzboot für eine Walbeobachtungstour zu nehmen, sondern mit dem Schnellboot zu fahren. Ein Schlauchboot, das nicht über die Wellen schunkelt, sondern hart darüber brettert. »Es hat auch den Vorteil, dass man bei Sichtung schneller am Fisch ist,« erklärt uns die deutsche Mitarbeiterin von *Lobosonda*. Wir können uns noch nicht entschließen.

Stattdessen abboniere ich zunächst deren Blog und schaue mir fast täglich die tollen Fotos an: Schwertwale, Pottwale, Finnwale, Pilotwale, große Tümmler, atlantische Fleckendelfine, Karettschildkröten, Mönchsrobben – und mutige Menschen, die draußen auf dem Meer schöne Erlebnisse haben. Irgendwann ...

Spätsommer – *o fim de verão*

Nach Wochen sehen wir unsere Nachbarin Mariana auch endlich wieder.
»Bom dia, Mariana, wir haben uns ja lange nicht mehr gesehen!«
»*Olá*, Issi, die Familie war zu Besuch. Paula und ihr Freund machen im August immer Ferien auf Madeira. Und in diesem Jahr war auch meine Schwester mit der ganzen Familie aus England hier.«
Nun kann sie aus der familiären Sommerbelagerung wieder auftauchen, denn eine wichtige Aufgabe steht bevor, die Weinlese. Im frühen September sind es nur Kontrollgänge, wie weit die Traubenreifung schon fortgeschritten ist, dann wird das Weinlaub großzügig entfernt, damit mehr Sonne auf die Trauben fällt. Es ist ein tägliches Abwägen, wann es mit der Ernte losgehen soll, denn einerseits will man den Wein so lange wie möglich in der Sonne kochen lassen, andererseits kann das Wetter gegen Ende des Monats vom einen zum anderen Tag umschlagen und Regen einsetzen, der die Ernte weitgehend entwertet.
Jedes ältere Haus auf dem Land hat einen Weingarten. Mal ist es nur eine großzügige *latada*, ein Spalier rund ums Haus, oft aber auch mehrere Hektar Land mit Rebterrassen. Das bedeutet, dass im September die ganze Bevölkerung mit der Weinlese beschäftigt ist, denn jeder hilft jedem, beim Schneiden, Verladen und Transportieren. Eigene Weinpressen sind schon lange nicht mehr im Einsatz, deshalb werden die ältesten, schon längst ausgedienten Kleinlaster hervorgeholt, notdürftig fahrbereit gemacht und meist völlig überladen im Kriechtempo mit der Ernte auf Schleichwegen zur Kooperative gefahren. Immer in der Hoffnung des Fahrers keinem beflissenen Polizisten zu begegnen, der womöglich absurde Fragen nach der Verkehrstauglichkeit oder gar einer Versicherung fragen könnte. Schafft das altersschwache Vehikel mal die Steigung nicht, müssen die Pferdestärken eines leistungsstarken 4x4 »davorgespannt« werden. Geht nicht, gibt's nicht! Inselbewohner scheinen sich von Natur aus zu helfen zu wissen.

An einem Morgen in der letzten Septemberwoche geht es auf unserem *Lombo* los. Es war noch mal richtig heiß geworden, nun kann die Ernte beginnen. Wir wachen in der halben Dämmerung auf, hören Motorengeräusche und sich lautstark unterhaltende Menschen auf der *Vereda*. Die ganze Nachbarschaft ist in Arbeitskleidung versammelt und nimmt sich den ersten Weingarten vor. Auf Madeira wird der Wein nicht, wie in den uns bekannten Anbaugebieten in Reihen am Hang gezogen, sondern auf kleinen terrassierten Parzellen über Spaliere, *latadas,* geleitet. Das Schneiden der Reben geschieht also sehr beschwerlich über Kopf. Die schweren Kisten mit den violetten Traubenbergen müssen oft über etliche Terrassen auf abenteuerlich schmalen Treppenwegen nach unten oder oben getragen werden. In diesem Jahr haben wir angeboten für einige Stunden mitzuhelfen. Wir selbst haben zwar keinen Weinhang, doch im letzten Jahr wurden wir nach der Ernte mit Trauben, Wein und Weinessig versorgt. Es war kein edles Tröpfchen, eher ein einfacher Tischwein, doch nach unserem Ernteeinsatz genießen wir diesen Wein mit einer besonderen Ehrerbietung.

Ein Einsatz von ganz anderer Art war die Suche nach einem Haus für unseren Freund aus Hamburg. Er hatte unseren Traum vom Leben auf Madeira von Anfang an mitverfolgt, war dabei, als wir den Kaufvertrag unterschrieben und machte zusammen mit meinem Mann zweimal eine Insel-Stippvisite, um die Fortschritte am Innenausbau unseres Hauses zu begutachten. Und in dieser Zeit war in ihm der Wunsch gereift, es uns gleich zu tun. Wir erhielten von ihm wöchentlich eine Liste von möglichen Objekten, über die wir eine Vorauswahl bezüglich der Lage treffen sollten. Nun hatten wir drei interessante, sehr unterschiedliche Häuser, die zum Verkauf standen, gefunden und unser Freund buchte einen Flug für eine Woche Häuserschau.

Was immer er mit den Maklern per Telefon oder E-Mail abgesprochen hatte, zunächst wusste erstmal keiner der drei von dem Herrn aus Hamburg, dem man diverse Häuser angeboten haben sollte. Nun ja, wir haben die mangelnde Geschäftstüchtigkeit der

Portugiesen inzwischen schon mehrfach kennengelernt und bitten ihn um Nachsicht. Immerhin haben wir die Adressen und können die Immobilienmakler direkt zum Objekt des Interesses bestellen, um das Haus von innen zu sehen, die Bausubstanz zu prüfen und eine eventuelle Ausstattung zu bewerten. Für uns ist das mindestens so spannend wie für ihn, denn wir hatten bei unserem Hauskauf so gut wie keinen Vergleich. Wir sahen unser Haus, verliebten uns und waren sicher, dass es das Richtige für uns sei.

Das erste Objekt, das er sich zeigen lässt, ist ein Baugrundstück für das bereits alle Genehmigungen erteilt sind – ganz wichtig, um keine bösen Überraschungen zu erleben – welches wir uns bereits im Frühling angesehen hatten. Die Besitzerin, Senhora Maricia wollte zu ihren Töchtern nach Südafrika ziehen und gerne ihr Land vorher noch verkaufen. Das Grundstück war ein Schnäppchen. Ein letzter freier Platz mitten im Dorf, umgeben von Gärten, mit einem weiten, unverbaubaren Meerblick. Leider konnte unser Freund damals unsere Begeisterung aus der Ferne nicht teilen und reagierte abwartend. Maricia übergab kurz vor ihrer Abreise im April den Verkauf an eine Maklerin. Und schon hatte sich der Grundstückspreis fast verdoppelt.

Auch jetzt ist unser Freund weiterhin nur mäßig interessiert und wir treffen uns am Abend mit einem zweiten Makler. Er führt uns auf ein 2000 Quadratmeter großes verwildertes Grundstück mit einem kleinen, typischen Madeirahäuschen, Baujahr 1947. Das zeigt uns die Inschrift über dem steinernen Portal. Über mehrere Stufen gelangt man auf die schmale Terrasse vor dem Haus, die zum Garten hin von einer langen Steinbank begrenzt ist. Einer der unteren Räume ist ein ehemaliger Weinkeller, wo neben viel Gerümpel noch drei 150l Eichenfässer stehen. Die nächste Tür führt in einen Schlafraum. Eine weitere in ein kleines Ess/Wohnzimmer, und durch die vierte Tür kommt man in die Küche, die, wie unsere auch, einen urigen Holzbackofen hat. Über eine schmale Holzstiege klettern wir in den ersten Stock.. Hier stehen noch ein Bett und ein alter Kleiderschrank. Das schönste Zimmer mit einem Süd- und einem Westfenster führt auf eine Dachterrasse, die einen

180 Grad Blick über die gesamte Küste bietet. Vor und hinter und über dem Haus wuchert seit Jahren nicht mehr gepflegter Wein. Unter alten Bäumen – Orangen-*Laranjeira*, Mispeln-*Nespereira*, Lorbeer-*Louro*, Surinamkirschen-*Pitangueira*, Avocado-*Abacateiro* – stehen wir im letzten goldenen Licht der untergehenden Sonne und meinem Mann und mir wird klar, dass unser Freund gerade dem Zauber dieses »Dornröschenschlosses« erliegt.

Bei mehreren Gläsern Wein am Abend versuchen wir ihm die Schattenseiten von Haus und Grundstück klarzumachen – vergebens.

»Was willst du mit 2000 Quadratmetern Grund und Boden?«

»Eine große Auffahrt, einen Weinberg und ein wenig Wildnis.« Damit ist das Thema für ihn vom Tisch.

»Das Haus ist unbewohnbar. Denke an die Kosten für die Restaurierung! Es ist seit der Erbauung nichts mehr erneuert worden. Du wirst viel Geld und Zeit dafür brauchen.«

»Eures ist wesentlich älter und war in einem viel erbärmlicheren Zustand, bevor es restauriert wurde.«

»Das stimmt. Aber wir mussten den Wiederaufbau nicht selbst in die Hand nehmen und hatten dadurch Kostensicherheit.«

Wir diskutieren die halbe Nacht das Für und Wider. Am nächsten Tag wird das dritte Objekt besichtigt. Ein Notverkauf! Der Besitzer, ein tschechischer Arzt ist durch einen tragischen Unfall ums Leben gekommen, und die Töchter wollen das Erbe so schnell wie möglich unter den Hammer bringen. Es ist ein Neubau, komplett und ansprechend eingerichtet, mit Klimaanlage, kleinem Garten, Swimmingpool – sogar ein Auto gehört noch dazu. Das Haus liegt in der sogenannten Bananenzone, also weniger als 200 Meter über dem Meer und verspricht mehr Sonne und Wärme im Winter als das »Dornröschenschloss«.

»Der große Vorteil wäre, dass das Haus sofort bewohnbar ist. Eventuelle Veränderungen nach deinen Wünschen könntest du nach und nach vornehmen,« versuche ich als weiteres Gegenargument zu seinem Zauberhaus.

Doch auch unser Freund hat sich verliebt. Er verkündet am

Nachmittag, sich mit dem Verkäufer des Madeirahauses treffen zu wollen, um in Preisverhandlungen zu gehen. Immerhin können wir ihn überzeugen unseren Freund Luis mitzunehmen, damit die Bausubstanz wenigstens von einem fachkundigen Menschen in Augenschein genommen wird, bevor er in den Kauf einwilligt. Luis verhält sich neutral. Er sieht keine unüberwindbaren Schwierigkeiten oder gravierende Schäden. »Alles ist machbar.«

»Nur eine Frage des Preises,« werfe ich ein, aber unser Freund hört schon gar nicht mehr zu. Er hat sein »Traumhaus« gefunden.

Fünf Männer im hohen Gras im Schatten von alten Bäumen – es sieht sehr romantisch aus, wie ein Hauskauf auf Madeira vonstatten gehen kann. Der Makler, Luis und Senhor Antonio, als Verhandlungsführer für die nicht anwesenden Besitzer, diskutieren auf Portugiesisch wie man zu einem für beide Seiten akzeptablen Preis gelangen kann. Gefordert werden 130.000 Euro, unser Freund möchte 100.000 Euro dafür ausgeben. Das Ergebnis wird auf Englisch verkündet:

»Wir schlagen den Verkäufern einen Preis von 110.000 Euro vor, wovon 50.000 in bar bezahlt werden sollen.«

Nun sind wir sehr gespannt, ob dieser Vorab-Deal von den derzeitigen Hausbesitzern angenommen wird. Ein Hauskauf auf Madeira ist oft mit Komplikationen verbunden und Verhandlungen dauern oft mehrere Monate, denn vor dem Besuch des Notars gilt es immer das Problem der mehrfachen Eigentümerschaft zu klären. In der Vergangenheit wurde ländlicher Grundbesitz in Portugal normalerweise zu gleichen Teilen den Kindern vererbt, ohne dass dies grundbuchamtlich verbrieft wurde. Soll ein Haus verkauft werden, müssen sich unter Umständen Erben in zweiter oder dritter Generation einigen. Auf Madeira ist die Sache noch etwas spezieller, denn aufgrund mehrerer Abwanderungswellen nach England, Südafrika und Südamerika sind einige der Erben kaum noch ausfindig zu machen. Doch unser Freund hat Glück, die Erbengemeinschaft ist sich einig und hat vorgesorgt. Für die drei Erben in Südafrika agiert ein auf Madeira ansässiger Rechtsanwalt mit allen Befugnissen, die hiesige Erbin ist Senhor Antonios Ehefrau..

Der »geteilte« Kaufpreis wird akzeptiert und für den letzten Tag vor dem geplanten Rückflug nach Hamburg wird ein Notartermin festgesetzt. Eine junge Notarin, die rein äußerlich den Eindruck erweckt ihre eigene Auszubildende zu sein, beeindruckt uns mit Kompetenz. Sie hat zügig die Modalitäten des Kaufvorvertrages ausgearbeitet und dirigiert das ganze Ensemble von Käufern – unser Freund, wir als Bevollmächtigte, Luis als »Beisitzer« – und Verkäufern – den Vertreter Südafrikas, und Senhora Emilia mit ihrem Mann durch den Kaufvertrag. Die Klausel des »geteilten« Preises wird elegant umschifft, denn im Wohnhaus stehen ja noch Möbel »von beachtlichem Wert«, die mitgekauft werden.

Das Ritual des ehrbaren Betrugs hat den doppelten Vorteil, der allen Portugiesen lieb und teuer ist – Geld zu sparen und die Regierung zu foppen. Der Nachteil für den Käufer ist, dass er eine Immobilie erworben hat, die laut Vertrag sehr viel weniger wert ist, als er bezahlt hat.

»Ich bin ja kein Spekulant, sondern möchte das Haus nach dem Umbau für mich selbst nutzen,« bekundet unser Freund, nachdem ihn die Notarin auf diesen wesentlichen Umstand aufmerksam gemacht hatte. Das Arrangement findet also unter allen eine gefällige Zustimmung und mit der Unterschrift und einer Anzahlung auf den Kaufpreis ist der Vertrag besiegelt. Der eigentliche Kaufvertrag mit Geldübergabe und Urkundenübergabe ist einen Monat später nur noch eine Formalität.

Sturm – *a tempestade*

Mitte Oktober ist der Sommer dann endgültig vorbei. Der erste Sturm fegt übers Meer. An einem Sonntagmorgen blitzt und donnert es stundenlang, dann setzt der Regen ein, siebzig Liter in sechs Stunden, und dann bläst es erst richtig los. Stühle rutschen über die Terrasse, Blumentöpfe rollen herum und Bäume, Sträucher und Stauden biegen sich im Wind. Nichts Ungewöhnliches für uns Nordlichter.

Das war ein kleiner Vorgeschmack, damit wir im Winter nicht so überrascht sind. Als sich der nächste Sturm Mitte November ankündigt, sind wir schon ganz gut vorbereitet. Außer einem schönen Terracotta-Topf bleibt bei uns alles heil, doch im Waldstück Richtung Prazeres sind viele Bäume entwurzelt, die Stromleitung liegt auf der Straße, reichlich viel Böschung ist abgerutscht und Prazeres ist teilweise stromlos.

Dann haben wir zwei Tage Wetterpause: es ist windstill, die Sonne scheint, als hätten wir den Sturm nur geträumt – wären da nicht die vielen Blätter, die nass und faulig auf der Terrasse kleben. Doch es kommt eine neue Unwetterwarnung: der ganze Archipel wird vom meteorologischen Institut auf ›orange‹, die dritthöchste von vier Unwetterwarnstufen, gesetzt: Wind, Regen und Wellen. Der Sturm nimmt langsam Fahrt auf, wir sichern noch mal alle Kübelpflanzen und bringen die Gartendekoration in die Garage. Nach 12 Stunden mit Böen von 80-100 Stundenkilometern wird für die Nordküste und die Bergregion die Unwetterwarnung der Stufe ›rot‹ gemeldet. Man erwartet Wellen bis zu 17 Metern Höhe und Windstärken bis zu 150 Stundenkilometern.

Wikipedia wird bemüht: was sind 150 km/h? Ist das noch Sturm?

Wir werden aufgeklärt: ab 117 km/h spricht man von einem Orkan, also Windstärke 12.

Es gibt aber nach anderen Skalen 17 Windstärken und dann wären wir schon bei 14.

Das bedeutet, dass man auf Madeira und vor allem auf dem

Meer rundherum mit schweren Schäden durch die »brüllende« See rechnet.

Wir schließen nun vorsichtshalber auch sämtliche Fensterläden und verfolgen das Geschehen am Bildschirm. Satellitenbilder der Wolkenmassen, Strömungsfilme, Webcams – warm, sicher und trocken lässt sich heute so manche Katastrophe auf dem Sofa miterleben – jedenfalls wenn man, wie wir, in einem Steinhaus mit halbmeterdicken Wänden sitzt. Es reizt uns natürlich, das gewaltsame Naturspektakel live zu sehen, aber wir wissen, dass es hochgefährlich ist, bei diesem Wetter unterwegs zu sein.

Die Zeitungsmeldungen am nächsten Tag geben uns recht. Verschüttete Straßen und Todesopfer durch herabfallende Felsbrocken sind die Bilanz nach sechzig Stunden Orkan.

Wir sind mal wieder glimpflich davon gekommen. Die Südküste hatte nur mit Windstärken 8 bis 9 zu kämpfen. Unser junger Lorbeerbaum hat allerdings eine 45-Grad-Neigung eingenommen. Eineinhalb Jahre hatte er gebraucht, um eine Krone zu entwickeln, die den Namen Baum rechtfertigt und nun sollte ihm diese auf seinem noch dünnen Stamm nicht unbedingt zum Verhängnis werden. Wir müssen tiefere Erdanker setzen, um ihn strammer spannen zu können, denn dies wird nicht der letzte Sturm gewesen sein, dem er ausgesetzt war. Luis meint, wir sollten angespitzte Baumheidepfähle tief in den aufgeweichten Boden rammen, oben ein Loch durchbohren und dann spannen. Auf die Idee, Erdanker aus Holz zu machen, wären wir gar nicht erst gekommen. Doch auf Madeira schwören die Menschen auf das harte und witterungsbeständige Holz der Baumheide – Erica platycodon – *urze*. Die *Urze*-Stützen alter Weinspaliere stehen in manchen Gärten schon seit mehr als fünfzig Jahren, und auch heute noch werden Holzzäune und -geländer aus Baumheidenholz gefertigt.

Das bringt uns auf die nächste Idee: mein geplantes Gemüsehochbeet im Garten mit *Urze*-Holz einzufassen. Allerdings steht die Baumheide unter strengem Naturschutz und es dürfen nur Auslichtungen mit einer Genehmigung der *Polícia Florestal* – der Forstverwaltung, geschlagen werden. Wie immer ist Luis genau der Richtige, um unsere Wünsche an die richtige Adresse zu bringen.

Wir bekommen ein amtliches Papier, mit dem wir uns beim Forsthaus in Santa, im Nordwesten der Insel, oberhalb von Porto Moniz gelegen, an einem vorgegebenen Samstagvormittag einfinden sollen. Luis hat für die Baumfäll-Aktion noch drei kräftige Männer engagiert und wir sind mit seinem kleinen LKW unterwegs, um in einer zugewiesenen Aufforstung auf der Serra Holz zu schlagen. Die Bäume stehen dort sehr dicht und müssen ausgelichtet werden. Achtzig Stämme mit maximal acht Zentimeter Stammdurchmesser dürfen wir fällen. Nach mehreren Stunden ist der LKW beladen, alle sind nass und durchgefroren, denn das anfängliche Wolkengeniesel hat sich über Mittag in richtigen Regen verwandelt. Typisches Madeira-Bergwetter eben! Bevor das Holz nach Calheta transportiert werden darf, müssen wir die Ladung bei der Forstverwaltung noch mal kontrollieren lassen.

»Die sind aber sehr streng,« stelle ich fest.

»Ja, ohne Genehmigung, darfst du nicht mal Kuhfladen von der Serra mitnehmen,« meint Luis.

Der Naturschutz auf Madeira hat einen hohen Stellenwert. Dass das nicht alle Bewohner richtig ernst nehmen, verstärkt umgekehrt die Bemühungen der Inselregierung. Der Status »UNESCO Weltnaturerbe – Laurissilva« verpflichtet, und das ist gut so.

Das Wasser – *a água*

Schon seit Wochen haben wir Ärger mit unserer Heißwasser-Gastherme – um genau zu sein, macht sie uns schon seit unserem Einzug Probleme. Zunächst dachten wir, dass es vielleicht am Staub liegen könnte, der bei den Verputzarbeiten entstanden war. Oder, weil sie lange nicht in Betrieb genommen worden war. Oder, weil während unserer Abwesenheit für lange Zeit der Gashahn zugedreht war. Leider konnte uns keiner unserer »Fachleute« etwas dazu sagen. Und auf irgendeine Weise sprang sie dann doch immer wieder an, so dass eine Diagnose gar nicht möglich war.

Nun geht aber plötzlich überhaupt nichts mehr: sie zündet und zündet, das Wasser fließt, aber es entsteht keine Flamme, um das durchlaufende Wasser zu erhitzen. Selbst Tom, der gerade zu Besuch ist, und der eigentlich alles reparieren kann, steht vor einem Rätsel.

Es ist natürlich Wochenende, Freitagabend, und wir finden uns schon mal damit ab, uns übers Wochenende mit kalter Katzenwäsche zu begnügen. Wie angenehm, dass unsere Freunde so unkompliziert sind und nicht mit schlechter Laune drohen, falls sie zwei Tage nicht duschen können.

Aber wir haben die Einsatzbereitschaft unseres Klempners deutlich unterschätzt. Am nächsten Morgen steht der Spezi für Gasthermen vor der Tür und in weniger als 5 Minuten läuft die Kiste wieder. Ach, das Leben hält hier doch immer nette Überraschungen bereit.

Wenige Stunden später hören wir, dass sich die Wasserpumpe nicht mehr abschaltet. Mein Mann klettert also rauf in die »Wasserkammer« unterm Dach, wo der 1000-Liter-Tank steht, und da ist das Malheur schon ersichtlich: die Schlauchverbindungen zur Wasserpumpe sind undicht. Das Wasser muss am Haupthahn abgestellt werden Damit fällt sogar die Katzenwäsche erstmal aus. Oder auch nicht! Denn unser Haus-Gas/Wasser/Elektriker Tiago kommt sogar am späten Samstagnachmittag noch einmal.

Wir freuen uns mal wieder über unseren freundlichen und zuverlässigen Handwerker und wiegen uns in der Sicherheit, dass nun alles in Ordnung ist.

Leichte Zweifel folgen ein paar Tage später. Bei der Heißwasserentnahme kommen unheilige Geräusche aus der Therme. Außerdem tropft sie wieder ein wenig, wenn einer duscht. Es ist schon wieder Freitag und wir hoffen, dass uns kein unruhiges Wochenende droht.

Nachts um 2 Uhr schreckt mich ein fürchterliches Geschepper aus dem Schlaf. Ich sitze sofort senkrecht im Bett, »was war das für ein Geräusch?«

Mein Mann, nichts Gutes ahnend, springt sofort aus dem Bett, rennt nach unten, ruft sehr aufgeregt: »wo ist ein Schraubenzieher?«

»Was?«

Keine Antwort.

»Was ist passiert?«

Immer noch nichts. Ich stehe nun auch auf. Meine Frage beantwortet sich von selbst, als ich im Flur plötzlich knöcheltief im Wasser stehe. Eine kleine Fontäne sprudelt aus der Wand, das Wasser fließt in alle Richtungen – ich bin völlig fassungslos – mein Mann ist nicht zu sehen und zu hören.

Handtücher! – ist mein erster Gedanke, ich sprinte nach oben und hole ein ganzes Paket, versuche den Weg Richtung Wohnzimmer zu sperren und verteile den Rest planlos in dem Fluss, der sich durch die Küche bewegt.

Da taucht mein Mann auf, guckt mich völlig wirr an und fragt, ob es aufgehört hat. Er hätte nun den Haupthahn abgestellt.

»Nein, sieh selbst!«

Das Wasser sprudelt munter weiter aus der Wand.

»Die Pumpe! Der Tank! Du musst hoch in die ›Wasserkammer‹ und die Pumpe abstellen!«

Dann habe ich die erste gute Idee bei dieser Aktion, schnappe mir einen Besen und fege die Fluten aus der Küche auf die Veranda, wo sie keinen Schaden mehr anrichten können. Währenddessen holt mein Mann erstmal eine Leiter aus der Garage, denn die Pumpe und der zugehörige Abstellhahn sind in der kleinen Dachabseite, die nur von außen begehbar ist. Inzwischen hat der Sturm, der schon seit Stunden über die Insel tobt, auch den Regen vorangeschoben. Haus und Grundstück gleichen inzwischen einem Abenteuer-Badepark. Wir sind im Nachthemd allerdings nicht ganz angemessen bekleidet. Als endlich kein Wasser mehr aus der Wand läuft, ist der 1000-Liter-Tank zur Hälfte leer. Wir fegen und wischen und trocknen den Fußboden. Nach einer gefühlten halben Nacht reiben wir uns die Augen und stellen fest, dass kein einziges Möbelstück Schaden genommen hat. Wie durch ein Wunder hatte das Wasser den »richtigen« Weg genommen, war wie in einer Levada von der »Quelle« im Flur durch die Küche nach draußen auf die Veranda gelaufen. Kein Wasser im Wohnzimmer unterm Teppich, kein Wasser unter den Einbauschränken in der Küche.

Wir kehren ins Bett zurück. Mehr können wir heute Nacht nicht verrichten, schlafen können wir zwar auch nicht mehr, aber für alles Weitere müssen wir bis Tagesanbruch warten.

Retter in der Not ist wie immer Luis. Wir rufen ihn morgens an, damit er uns schnellstmöglich Tiago vorbeischickt. Wir fragen uns – nicht zum ersten Mal – weshalb wir eigentlich Tiagos Telefonnummer nicht selbst haben, denn zur Zeit brauchen wir ihn fast an jedem Wochenende zum Noteinsatz.

Auch diesmal kommt er fröhlich am Samstagmorgen, inspiziert das Malheur, klärt uns auf, dass unsere Wasserleitungen keine Rohre, sondern Kunststoffschläuche sind und nun wäre einer geplatzt. Tiago sieht uns mitfühlend an: »*Is not nice, but happens!*«

Wir trösten uns mit dem Vorteil, dass auf diese Weise eine neue Leitung eingezogen werden kann ohne die Wände dafür aufstemmen zu müssen. Nach einer Stunde ist alles erledigt. Doch beim Warmwassertest stellt sich heraus, dass die Heiztherme wieder nicht mehr anspringen will.

Tiago erklärt mir, dass er das Gerät jetzt abbaut und mitnimmt. Vielleicht kann sie in der Werkstatt repariert werden Andernfalls haben sie dort vielleicht eine alte Ersatztherme, damit wir übers Wochenende versorgt sind. Am Nachmittag kommt er wieder.

»*Sorry, but broken. Not to repair.*«

Er hat ein anderes Teil mitgebracht, das etwas weniger nach Sperrmüll aussieht als unsere Therme, die nun *broken* ist. Er biegt einen Draht zurecht und fädelt ihn durch die vorgesehene Aufhängung am Gerät. Dann wird das Gasheizgerät locker wie ein Bild an die Wand gehängt, das Abgasrohr aufgesteckt, fertig. Ich muss wohl ein wenig ungläubig zugeguckt haben, denn er sagt entschuldigend, er wolle keine neuen Löcher für ein Provisorium in die Wand bohren.

»Ja, ja, schon gut,« ich habe glücklicherweise keine Gasphobie. Wir machen einen Funktionstest, die Wassertemperatur in der maximalen Heizleistung wird gerade so zum Duschen reichen – besser als kaltes Wasser!

Nun müssen wir fix eine Entscheidung treffen, wie wir unser warmes Wasser in der Zukunft produzieren wollen. Klar ist, dass wir Abschied vom Gas nehmen und eine Solaranlage haben wollen. Aber welche?

Wir haben in unserem Bekanntenkreis Ingenieure, die wir fragen können. Beide sind von ihren Anlagen total überzeugt und raten uns von allem anderen ab. Interessant ist, dass sie von verschiedenen Systemen sprechen und sich gegenseitig misstrauen. Wir lassen uns trotzdem von beiden Systemen von einem ortsansässigen Installationsbetrieb ein *Orçamento* – ein Angebot machen.

Mehr als 2.500 Euro für eine kleine Solartherme und knapp 4.000 für eine große, wenn wir den Tank unters Dach stellen möchten, sind ein stolzer Preis. Die Idee, gleich noch eine Heizung mit zu integrieren, lassen wir fallen, denn heizen müssen wir nur, wenn die Sonne längere Zeit nicht scheint. Dann aber wird nicht genügend heißes Wasser produziert. Einer unserer beiden Ingenieure hat sogar offen zugegeben, dass er bei seiner Anlage diesbezüglich einen Denkfehler begangen hatte. Das war überzeugend, denn ein Ingenieur macht – nach meiner Erfahrung – keine Denkfehler. Normalerweise steckt der Teufel im technischen Detail, den es auszutreiben gilt.

Ich mache zum weiteren Erkenntnisgewinn mal eine Anfrage im Internet-Insel-Forum. Wie meistens kommen ein paar geschwätzige Kommentare ohne jeden Informationsgehalt, aber auch eine private Einladung, uns eine Anlage mit Röhrenkollektoren, die seit zwei Jahren in Betrieb ist, mal anzusehen.

Schön, dass Frank sein Haus auch im Südwesten hat. Er und seine Frau erwarten uns bereits am Ortsschild, als wir am verabredeten Samstagnachmittag nach Amparo kommen.

»Ihr wohnt ja wirklich ziemlich weit ab vom Schuss,« meine ich gleich zur Begrüßung, »aber ich liebe diese Ecke der Insel sehr, weil sie noch so ursprünglich madeirensisch ist.«

»Genau, deshalb haben wir uns hier ein Grundstück gesucht – und weil wir hier unsere Ruhe haben.«

Frank erklärt uns seine Warmwasser-Solaranlage und wir haben zum ersten Mal die Hoffnung, dass es auch für Menschen ohne Elektrotechnikdiplom eine gute Lösung geben könnte. Noch besser ist, dass er die madeirensische Firma, die ihm das Ding installiert hat, auch empfehlen kann. Am allerbesten ist allerdings der Preis. Unsere bisherigen Angebote, die die Ingenieure mit gewissen Verbesserungsvorschlägen bevorzugt hätten, waren erheblich teurer. Wir können uns also den Rest des Nachmittags auf die Besichtigung des Gartens und ein gemütliches Kaffeetrinken mit Christstollen und Weihnachtskeksen konzentrieren, ohne dauernd über Solarpaneele, Überdruckventile oder Energieeffizienz reden zu müssen. Wir verabreden einen Gegenbesuch am darauf folgenden Wochenende und freuen uns auf dem Heimweg, mal wieder nette Inselresidenten kennen gelernt zu haben.

Am Montag schauen wir uns die Internetseite des empfohlenen Betriebs an. Er scheint der einzige Installateur für Röhrenkollektoren auf der Insel zu sein. Ich mache einen ersten Versuch der Kontaktaufnahme per Mail. Als am Mittwoch noch immer keine Antwort da ist, rufe ich an. Der Chef spricht englisch, verspricht am Nachmittag bei uns zu vorbeizukommen – und kommt! Wir sind angenehm überrascht.

Der Mann macht einen seriösen und kompetenten Eindruck,

wir werden uns schnell einig, und am darauf folgenden Montag soll es losgehen. Ich freue mich jetzt schon auf ein heißes Vollbad.

Keiner hat daran gedacht, dass der folgende Montag ein Feiertag ist und wir warten gespannt, ob gearbeitet wird oder nicht. Noch können wir nicht einschätzen, welche Feiertage von wem ernst genommen werden. Am 8. Dezember ist Mariä Empfängnis In Deutschland wüsste man wahrscheinlich nur in den hintersten katholischen Ecken etwas damit anzufangen. Mal sehen, was hier geht.

Wir müssen Senhor Freitas weitere Pluspunkte geben: er ruft Montagmorgen an und erinnert daran, dass heute Feiertag wäre und dass es erst am Dienstag losginge. Pünktlich um 10 Uhr am nächsten Morgen rückt der kleine Trupp von drei Männern an. Zack-Zack werden die Autos entladen und die drei arbeiten mit geringer Geräuschkulisse und für uns beinahe unsichtbar am hinteren Dach. Es kommt uns ein bisschen komisch vor, dass hier Handwerker zugange sind, die nicht zur »Familie« gehören, denn bisher waren es immer Luis und seine Leute, die uns seit zwei Jahren handwerklich betreut haben. Wir beginnen wohl langsam auf eigenen Füßen zu stehen, was unseren madeirensischen Alltag betrifft.

Nach zweieinhalb Tagen ist alles fertig und wir warten gespannt vor unserem »Warmwasser-Computer«, um zu sehen wie die Temperatur im Tank steigt. Dummerweise lässt sich heute die Sonne kaum blicken und wir müssen uns enttäuscht mit 45 Grad warmem Wasser zufrieden geben. Also wieder kein Vollbad!

Aber dann folgt ein klarer sonniger Tag und wir verzeichnen am Abend 80 Grad. Bingo! Es funktioniert. Immerhin ist Mitte Dezember, quasi Sonnentiefststand.

Da soll noch mal einer behaupten auf Madeira wäre alles kompliziert und langwierig.

Das Schwimmbad – *a piscina*

Ende April wollte ich endlich meinen ersten Badeversuch des Jahres im Meer wagen. Ganz mutig zog ich den Badeanzug an, bevor ich den Kältetest am Strand machte. Ich kam allerdings nur bis zu den Knien ins Wasser, überlegte ganz kurz, mich einfach schnell in das glasklare Nass hineinzustürzen, aber – über dieses Alter bin ich hinaus. In Bruchteilen von Sekunden liefen Blasenentzündungen und Muskelverspannungen vor dem geistigen Auge ab. Gut, dann warte ich eben noch eine oder zwei Wochen. Mein Liebster stand grinsend am Strand, »das habe ich mir gedacht!«

»Aber guck doch mal, andere baden doch auch.«

»Die sind ja nur für kurze Zeit im Urlaub hier, die müssen es auskosten am und im Meer zu sein.«

Stimmt, so ging es mir früher auch, als die Ferien begrenzt waren. Inzwischen verbringen wir einen großen Teil des Jahres auf Madeira und haben reichlich Möglichkeiten im Meer zu schwimmen. Trotz allem mißgelaunt, zog ich mich wieder an, und wir tranken in der Strandbar noch einen *chinesa*. Das Meer strahlte mir blau entgegen und glitzerte sooo herrlich in der Sonne. Ach, ich würde doch so gerne...

Auf dem Nachhauseweg trafen wir eine deutsche Nachbarin und ich klagte ihr mein Leid. Sie konnte das nicht wirklich teilen, denn sie macht sich nach eigenem Bekunden gar nichts aus Wasser. Aber sie hatte einen Tipp: »Es gibt ein Schwimmbad in Calheta.«

»Wo ist das denn?«

»Unterhalb der Gesamtschule ist ein Sportzentrum mit Hallenbad. Aber ich bin seit zwei Jahren nicht mehr dort gewesen.«

Gleich am nächsten Tag fuhren wir zum Sportzentrum. Das Hallenbad ist mit dem blauen Tunneldach schon von weitem zu erkennen, war uns aber bisher noch nicht aufgefallen. Die Parkplätze sind verwaist und ein Blick durch die großen Fenster erklärte die Ruhe: kein Wasser im Schwimmbecken! Wir umrundeten das Gebäude auf der Suche nach einem Schild mit Betriebszeiten oder einem Hinweis, ob das Bad nur wegen Wartungsarbeiten geschlossen ist. Nichts!

Naheliegend ist der Mangel an Geld. Ein schönes Gebäude, genau wie das Museum, die überdimensionierte Promenade und so manch anderes Projekt, hingestellt in der kurzen Boomzeit, als die EU-Finanzspritzen reichlich sprudelten und nicht bedacht, dass auch der Betrieb der Anlage finanziert werden muss.

Wir trösteten uns damit, dass Chlorwasser sowieso nicht so gut für die Haut ist. Und hofften darauf, dass die Sonne kräftig scheint, kaum Wind weht und das Meer sich schnell auf über 20 Grad erwärmt.

Der Sommer ist durchwachsen, wir baden erst ab Anfang Juli. In den ersten zwei Wochen bin ich voll in meinem Element. Ich kann meinen Mann sogar überreden mit mir durch die Bucht von Calheta von einem Strand zum anderen zu schwimmen.

Dann beginnen die Ferien. In einem Teil der Bucht wird eine schwimmende Hüpfburg installiert, die Strände sind voll, das Wasser wird trübe. Dann kommen die Feuerquallen und damit ist der Badespaß erstmal ganz und gar vorbei.

Erst Mitte September können wir wieder ins Wasser, aber das Wetter ist leider nicht mehr beständig. Bis zum ersten Herbststurm im Oktober schaffen wir es vielleicht noch fünf Mal.

Ende November erfahren wir aus der Tageszeitung (soweit ist unser Portugiesisch nun schon gediehen), dass das *piscina* in Calheta den Betrieb wieder aufgenommen hat. Voller Neugierde schauen wir mal vorbei. Wasser ist im Becken! An der »Kasse« sitzt ein kleiner Mann im Bademeisteranzug, der mir zumindest die Auskunft geben kann, dass das Bad zweimal pro Woche für die Öffentlichkeit geöffnet hat: Montag und Donnerstag von 18 bis 21 Uhr in drei Gruppen. Er bittet mich, am folgenden Donnerstag wieder zu kommen.

Donnerstagabend packen wir unser Schwimmzeug mit der sicheren Ungewissheit, ob sie uns wohl heute ins Wasser lassen. Wir treffen diesmal auf viele Mütter mit Kindern und einen Bademeister, der leidlich englisch spricht. Die Kasse scheint eher so eine Art Rezeption zu sein, denn hier liegen mehrere Listen mit Namen aus, die für unterschiedliche Zeiten eingetragen sind.

Allmählich ahnen wir, dass es nicht ganz unkompliziert wird, bis zum ersehnten Nass vorzudringen. Der Bademeister reagiert ganz freundlich auf unsere Bitte schwimmen zu wollen und führt uns ins Büro nebenan zum Schwimmlehrer, der uns Englisch sprechend weiterhelfen soll. Wir reihen uns in die Mutter-Kind-Warteriege ein und, als wir dran sind, fragen wir noch einmal ganz brav, wie wir denn nun Einlass bekommen.

Also, zunächst müssen wir uns registrieren lassen. Fürs Erste genügen die Angabe des Namens, des Geburtsdatums, und der Telefonnummer. Recht viel Auskunft für einen einfachen Besuch eines Hallenbads! Finden wir. Aber, was soll man machen?

»Wollen Sie einmal oder zweimal pro Woche Schwimmen oder Wassergymnastik? Einmal kostet 17,50 Euro, zweimal 25 Euro.«

Uns ist schon klar, dass hier sprachliche Hindernisse im Spiel sind und wir bieten unser kleines Portugiesisch zur Hilfestellung an. Damit stellt sich dann heraus, dass der Preis einer Monatskarte entspricht.

»Gut, dann möchten wir ab Januar immer Donnerstagabend schwimmen. Von wann bis wann können wir kommen?«

Es gibt tatsächlich drei Zeiteinheiten von 18 bis 21 Uhr jeweils ein Stunde.

»Für 20 bis 21 Uhr melden sich die wenigsten Schwimmer an. Das ist eine ruhige Stunde.«

Der freundliche Lehrer reicht uns zweimal die *Ficha de Natação* und bittet uns, diese zusammen mit 35 Euro für zwei Personen im Januar ausgefüllt wieder mitzubringen.

Also kehren wir mit unserem Badezeug wieder nach Hause zurück und nehmen die Formulare etwas näher in Augenschein. Mit einer Mischung aus Belustigung und Ungläubigkeit ob der Fragestellung beginne ich meine *ficha,* das Schwimmformular, auszufüllen. Ich wollte doch einfach nur schwimmen gehen und nun soll ich außer meinen sämtlichen persönlichen Daten auch noch einen Gesundheitsfragebogen ausfüllen, der einer Anamnese vor einem chirurgischen Eingriff entspricht. Sollte ich eine dieser Fragen mit »ja« beantworten, brauche ich vor dem Schwimmbadbesuch ein ärztliches Attest.

Normalerweise akzeptiere ich die Eigenarten meines neuen Heimatlandes eher mit einem Schmunzeln, aber hier fällt mir nur noch eins dazu ein: » …die sind ja irre! Was machen die denn mit diesem ganzen Papierkram.«

Angeblich werden alle Daten vertraulich behandelt.

»Meinst du, dass das in den Städten auch so ist? Stell dir nur mal vor, in Lissabon, wo tausende Menschen ins Schwimmbad wollen, wird so ein Prozedere verlangt. Das kann ich nicht glauben,« meint mein Mann.

»Aber hier steht, es ist Gesetz, dass diese Auskünfte eingeholt werden müssen. Wir fragen morgen mal Catarina. Vielleicht kann sie uns aufklären, warum so ein Zirkus darum gemacht wird.«

»*Sim, está certo!*« meint unsere Portugiesisch-Lehrerin. »Es ist richtig, dass man seinen Gesundheitszustand mitteilen muss, wenn man an einem staatlich geförderten Sportunterricht teilnimmt.«

»Aber wir können doch schwimmen.«

»Trotzdem müsst ihr bestätigen, dass ihr gesund seid.«

Es hilft also nichts, wenn wir ins Schwimmbad wollen, müssen wir ein vierseitiges Formular ausfüllen.

Dass es noch intimere Fragen gibt, erzählt uns am Abend eine deutsche Bekannte, die schon seit vielen Jahren auf Madeira lebt. Als sie sich in der örtlichen Turnhalle zu einem Gymnastikkurs für Senioren anmelden wollte, wurde in den – immerhin – anonymen Fragebögen nach dem Sexualverhalten gefragt.

»Vielleicht wollen sie die Gruppen danach einteilen. Wer mehr als einmal pro Woche Sex hat, ist unter Umständen geschmeidiger! Was hast du gemacht?« frage ich sie.

»Ich habe das Formular ausgefüllt, doch der Kurs kam mangels Beteiligung nicht zustande.«

Kein Wunder bei diesen Fragen!

Der erste Donnerstag im Januar ist mein »Einschulungstag«, so jedenfalls kommt es mir vor als ich mich kurz vor 20 Uhr am Schwimmbad einfinde. Fünf sehr beleibte Frauen, die sich angeregt vor dem Kassenschalter unterhalten, mustern mich (mein Mann hat sich geweigert), fragen, ob ich zur Wassergymnastik komme.

»*Não, só quero nadar.* Nein, ich möchte nur schwimmen.«

»*'tá bem!* Dann tragen sie sich in diese Liste ein. Finden Sie ihren Namen? Ja? Einfach hier bei 20 Uhr abhaken.«

Dann nimmt mich die nächste an die Hand und führt mich in den Umkleideraum für Damen, zeigt mir Toilette und Duschen – *tudo bem?* alles klar? – und verschwindet wieder zu ihrer Quasselgruppe.

Aus dem Schwimmbad tönt das lautstarke Treiben von mindestens 50 Kindern und Jugendlichen. Erleichtert stelle ich fest, dass sie eben alle aus dem Wasser gescheucht werden und schaffe es gerade noch in meinen Badeanzug zu schlüpfen und in Richtung Wasser der aufgeregten Horde zu entkommen. Dann aber habe ich fast das ganze Bad für mich alleine und kann in aller Ruhe meine Bahnen ziehen. Für kurze Zeit! Die Gymnastikdamen klettern eine nach der anderen in den flachen Teil des Beckens, der Trainer stellt eine Musikanlage auf, dreht den Ton an und hüpft zu poppigen Rhythmen vor den wellenschlagenden Damen auf und ab. Nächstes Mal muss ich unbedingt Ohrstöpsel mitbringen, und eine Schwimmbrille zum Abtauchen. Ich habe noch zwanzig Minuten Schwimmzeit, als die Gruppe munter plaudernd die Schwimmhalle verlässt. Ein wenig unheimlich wird mir allerdings, als ich gar niemanden mehr höre und bekomme Bedenken, vergessen zu werden. Doch da kommt auch schon der Bademeister und bedeutet mir mit einem Klopfen auf seine Armbanduhr, dass es nun auch für mich Zeit wäre, aus dem Wasser zu steigen.

Weihnachtskrippe – *o presépio*

Wir kommen nach einigen Wochen »Weihnachtsferien« am 1. Januar nach Madeira zurück. Unser Flugzeug startete morgens um sechs Uhr. Entsprechend kurz fiel unser Schlaf aus, denn natürlich wollten wir auf den Jahreswechsel mit Freunden aus Hamburg anstoßen. Wir hatten diesmal Glück mit der TAP – oder Pech – wie man's nimmt. Pech, weil wir hofften durch den angekündigten Streik zwischen den Jahren, würden sie eventuell unseren frühen Flug canceln und wir dürften ausschlafen; doch der Streik war per Dekret von der Regierung verboten worden. Also mussten wir früh raus. Glück, weil die Verbindung über Lissabon pünktlich und unkompliziert funktionierte. Mittlerweile ist Fliegen wie Busfahren und nicht mehr wirklich aufregend. Selbst die Landung in Funchal lässt den Adrenalinspiegel nicht mehr steigen, zumindest nicht, wenn der Vogel so sanft wie heute abgesetzt wird.

Luis holt uns wie immer am Flughafen ab, die Sonne scheint, wir öffnen im Haus die Fensterläden, ich gebe den Blumenkübeln Wasser und dann drehen wir noch eine ganz entspannte Abendrunde im letzten Tageslicht.

Dabei treffen wir unsere kleine, alte Nachbarin, die uns herzlich in die Arme nimmt und sich freut, dass wir wieder da sind. Wir sollen uns am liebsten sofort ihre Weihnachtskrippe ansehen, können sie aber erfolgreich auf den nächsten Tag vertrösten.

Der zweite Januar beginnt wie der erste endete: klar, mild, sonnig. Wir brauchen Brot und Obst zum Frühstück und ich gehe rüber zu Michaels Mini Mercado. Auf dem kurzen Weg durch die Wiesen wird mir mein Glück wieder auf dieser wunderbaren Insel sein zu dürfen, erst richtig bewusst. Während mich Vogelgezwitscher und Hundegebell begleiten, fällt mir der Buchtitel »Jeder braucht seinen Süden« von Iso Camartin wieder ein und ich denke » ja, und wir haben ihn hier gefunden, unseren Süden«. Ich schaue mich um, versenke mich in das vielfarbige Grün des Winters und bin vollkommen beseelt. Als mich Senhora Maria im Laden mit einem *bem vindo* willkommen heißt, fühle ich mich wieder richtig zu Hause. Nur mein Portugiesisch ist in tiefen Gehirnwindungen versackt und ich stümpere mir ein paar wenige Sätze zurecht.

Wir decken den Frühstückstisch auf der Terrasse. Endlich wieder draußen sitzen, weit blicken können – das hat gefehlt! Wir waren ja in den Wochen vor unserer Abreise nach Deutschland ein wenig nörgelig wegen des Wetters. Nun wissen wir wieder, dass wir es kaum irgendwo besser haben könnten als hier auf Madeira.

Dann taucht Mariana an unserem Gartentor auf und wieder ist die Begrüßung freudig und herzlich. Sie sagt uns, dass sie schon seit Tagen nach den geöffneten Fensterläden schaut. Wir vereinbaren einen Besuch in den nächsten Tagen, damit wir endlich ihre Tochter kennen lernen können, die über die Weihnachtszeit zu Besuch ist.

Nach unserem Einkauf bei *Pingo doce* schlendern wir in der Nachmittagssonne am kleinen Hafen über die Marina und als wir uns im Restaurant *New Era* einen *Chinesa* gönnen, begrüßt uns auch hier der Kellner mit einem »*welcome back on Madeira*«. Mein Gott, ist das schön, so viel Heimat bereits nach einem Jahr auf der Insel erleben zu dürfen.

Am zweiten Tag statten wir unserer Conceição einen Besuch ab. Es hat nun schon Tradition, dass wir zum *Presépio* gucken kommen müssen. Der Aufbau der Krippenlandschaft in ihrem Wohnzimmer ist immer wieder sehenswert: es muss viele Stunden gedauert haben, bis die Installation aus Kisten, Stühlen, Wachstuch und Figuren in die Ecke zwischen Sofa und Schrank drapiert waren. In vier Etagen versammeln sich Engel, Marienfiguren, Könige, Hirten und Schafe mit Clowns, Soldaten und Indianern, Enten und Schweinchen... und ja, natürlich auch die heilige Familie. Die ist allerdings in dem bunten Gewusel schwer zu entdecken. Für uns wird nun auch extra die blinkende Beleuchtung tagsüber eingesteckt. Wir tun begeistert, um der Senhora eine Freude zu machen und schon werden wir aufs Sofa genötigt und sie holt einen Teller mit Kuchen und Keksen. Die letzten Male gab es dazu immer Saft, aber heute will sie uns einen Schnaps kredenzen und wir können uns irgendwie nicht wehren. Dazu erzählt sie uns mit nassen Augen abenteuerliche Geschichten von Mord und Totschlag der Verwandtschaft in Südafrika. Zum Abschluss der etwas einseitigen Konversation trägt sie uns noch ein kleines Liedchen vor. Es ist rührend, wie die kleine alte Frau mit einem Krönchen auf dem Kopf vor uns steht und mit ein wenig zittriger Stimme eine Dreikönigsweise vorträgt.

Der Rest des Nachmittags ist nun gelaufen, denn der *Aguardente,* der Zuckerrohrschnaps, und die tiefstehende Sonne machen schläfrig. So dösen wir auf unserer Veranda dem Abend entgegen.

Am nächsten Tag holen uns Marianas Tochter Paula und ihr Freund zum Kaffeetrinken ab. Fast zwei Stunden sitzen wir bei Mariana in der Küche und dank Paulas perfektem Englisch können wir uns richtig unterhalten. Die beiden erzählen uns von »unseren Vorfahren«: unser Haus soll angeblich schon mehr als hundert Jahre alt sein, wurde aber erst 1937 als Wohnhaus registriert. Bis in die Achtzigerjahre bewohnten zwei Familien mit jeweils fünf Kindern, also vierzehn Menschen das Haus. Dann stand es einige Jahre leer, ein Teil des Dachs stürzte ein und ein Baum wuchs im Inneren heran, bis die Grundsanierung begann. Paula und Mariana bestätigen, dass das Haus wirklich sehr schön geworden sei.

Dann bekommen wir eine Anleitung wie wir unseren antiken Steinbackofen richtig zum Brotbacken nutzen können. Zunächst wird Feuer gemacht, mit viel, viel Holz und geöffneter Tür um die Steine richtig durchzuglühen. Ist alles verbrannt, wird die heiße Asche herausgeholt. Anschließend muss der Steinboden mit nassen Tüchern sauber geschrubbt werden, dann erst werden die Teiglaibe hineingeschoben. Nach dem Brotbacken nutzt man die Restwärme für Blechkuchen.

»Das macht aber viel Arbeit!«

»Ja, deshalb haben die Nachbarn früher gemeinsam gebacken. Zum Osterfest machen wir das noch immer.«

Dann erzählen sie uns noch, wie rückständig und auch verbohrt so manche unserer Nachbarn (die wir noch nicht kennen) sind.

Viele von ihnen sind in ihrem ganzen Leben nicht von der Insel gekommen, während in anderen Familien fast alle ausgewandert sind. Es ist sehr spannend, so viele Geschichten mit soviel Enthusiasmus erzählt zu bekommen.

Da bringen wir gerne auch gleich noch unsere Grundstückskaufabsichten zur Sprache, wenn wir schon eine so gute Übersetzerin dabei haben. Hinter unserem Haus sind kleine Wiesenterrassen, von denen wir gerne eine zu unserem Garten dazu kaufen wollten. Für einen Pool, so ist der Traum. Unsere bisherigen Versuche mit der Besitzerin ins Geschäft zu kommen, sind bisher an deren Sturheit gescheitert. Sie hatte uns deutlich zu verstehen gegeben, dass sie nur ohne »Papierkram« verkauft. Also Grundstück gegen Bargeld! Ohne Notar, ohne Kaufvertrag, ohne Grundbucheintragung. Dass das nicht geht, wollte sie nicht verstehen. Nun diskutieren wir bei Mariana über die verbleibenden Möglichkeiten, die Wiese hinter unserem Haus erwerben zu können, aber es sieht nicht nach einer schnellen Lösung aus. Mariana skizziert uns einen kleinen Stammbaum der möglichen Besitzer dieser 140 qm Land: Besitzerin war die Großmutter der heute 82-jährigen Dona Ana. Nach portugiesischem Erbrecht wäre das Feld an ihre beiden Töchter zu gleichen Teilen vererbt worden. Von den jeweils drei Kindern dieser beiden Frauen lebt nur noch Dona Ana auf Madeira. Die anderen fünf waren in den letzten Jahrzehnten ausgewandert. Nach Kanada, USA, Venezuela und Südafrika. Sie alle oder deren Nachkommen müssten zum jeweiligen Konsulat und bestätigen, dass das kleine Feld von Dona Ana verkauft werden darf. Eine Illusion! Uns bleibt nur die Einsicht, dass wir darauf warten müssen, bis sich die nächsten Erben einigen einen aktuellen Eintrag im Grundbuch zu veranlassen, damit das Grundstück verkauft werden kann. Laut Gesetz haben wir, beziehungsweise Mariana, ein Vorkaufsrecht, und da sie selbst kein Interesse an diesem Stückchen Land hat sind wir die einzig möglichen Käufer – so es denn irgendwann zu einem Verkauf kommen sollte. Bis dahin wird uns wohl der hin und wieder grasende Stier auf dieser Wiese erhalten bleiben.

Abschleppwagen – *o reboque*

Seit Tagen ist es windstill bei klarem blauen Himmel – das perfekte Wanderwetter!

Wir wollen nach Ribeiro Frio. Wie der Name vermuten lässt, ein kalter Ort in einem abgelegenen Tal. Schon auf dem Weg von Monte hoch zur Passhöhe von Poiso macht unser Auto zwei Aussetzer als hätte sich der Motor verschluckt. Wir ahnen Böses, wollen es aber nicht wahr haben und fahren weiter. Ich habe mich so sehr auf diese Tour gefreut, nachdem uns das schlechte Wetter im Herbst unsere Wanderambitionen vermasselt hatte. Heute nicht!!! Wir erreichen Ribeiro Frio tatsächlich ohne weitere Zwischenfälle und versuchen nicht mehr an unser Auto, geschweige denn an: was wäre wenn, zu denken.

Rundwanderung:
Levada do Furado – Feiteiras de Baixo

Wir haben uns vorgenommen, mal ein Stück des Madeira Island Ultra Trails zu erwandern. Der *MIUT* findet alljährlich im April auf der Insel statt und gehört zu den aufregendsten Marathons, die man so laufen kann. Mein Mann freundet sich mit dem Gedanken an, beim nächsten Mal eine kurze Etappe mitzulaufen. Ein Video der letztjährigen Veranstaltung war die Initialzündung dazu.

Wir nehmen uns also ein Teilstück vor, das in Ribeiro Frio entlang der Levada do Furado beginnt.

Der kleine Ort ist selbst im Winter an Wochenenden gut besucht, denn die Forellenzucht und ein kleiner botanischer Lehrpfad mit einheimischen Gewächsen sind für madeirensische Ausflügler ein Anziehungspunkt. Diverse Bars und Lokalitäten sind auf Busladungen von Besuchern eingerichtet, die aber in dieser Jahreszeit glücklicherweise nicht zu erwarten sind.

Beim Start könnten wir trotz Sonnenschein noch Handschuhe vertragen, die wir nicht dabei haben. Der Name »kalter Bach« ist für diesen Ort passend gewählt, denn nur wenig Sonne dringt durch das dichte Blätterdach, so dass mir die feuchte Kälte zunächst etwas zu schaffen macht. Doch nach einer Dreiviertelstunde entlang der malerischen Levada haben wir uns gut warm gelaufen, so dass wir uns für den Aufstieg zur Hochebene *Feiteiras de Baixo* die Jacken ausziehen können. Vor der Levadabrücke über die *Ribeira do Poço do Bezerro* zeigt uns ein MIUT-Holzschild den Abzweig des Trails. Es geht auf ziemlich rutschigen Stufen entlang der von oben kommenden Wasserrinne steil bergan. Nach der Überquerung eines Wasserlaufs liegt das steilste Stück hinter uns und wir haben wieder Muße, uns in die niedere Botanik zu versenken – Moose und Flechten begegnen uns hier in ungeheuer grüner Vielfalt.

Kurz vor der Quelle dieser Levada beginnt noch ein kurzer Aufstieg. Der Pfad durch einen grünen Dschungel aus Farnkraut, Buschheide und Baumheidelbeeren ist ziemlich schwierig zu finden. Wir schlagen uns durchs Gestrüpp und kurz bevor wir die Hochebene erreichen, tut sich eine Lichtung auf. Die Sonne kommt fahl hervor und es ist endlich Zeit für ein Picknick mit Gesellschaft. Eine Herde von Schafen kommt Glöckchen läutend von den Hängen herunter.

Es ist inzwischen früher Nachmittag, die bekannten dicken Wolken steigen auf und bringen noch mehr feuchtkalte Luft mit sich. Damit hat sich die erhoffte Aussicht auf die Silhouette von Madeiras höchsten Gipfeln auch erledigt. Bevor uns der Nebel ganz verschluckt, verlassen wir den Trail und beginnen am einsamen Hofgebäude von *Chão das Feiteiras* den Abstieg zur 300 Meter tiefer gelegenen Forellenfarm von Ribeiro Frio. Über einen alten Madeira-Weg, mit den typisch rund gepflasterten Stufen, erreichen wir die Fischbecken am Forsthaus, wo wir nach gut drei Stunden erstmals wieder auf Menschen treffen.

Beim Start zur Rückfahrt ernüchtert uns eine gelbe Warnlampe, die einen Motorfehler ankündigt. Ok, man darf bei gelb langsam weiterfahren. Das wollen wir versuchen. Wir müssen allerdings zurück über einen Pass!

»Ob er das wohl schafft?« ist meine Frage, die sich nach hundert Metern von selbst beantwortet. Wir rollen an den Straßenrand und das war's. Der Motor läuft, doch das Auto will sich nicht mehr bewegen.

»Und wie kommen wir hier nun wieder weg?«

Immerhin stehen wir nicht in einer Gott verlassenen Gegend, sondern in einem Dorf, das voll von Ausflüglern ist. Damit wären im Notfall auch Essen, Trinken und Schlafen gesichert. Und es gibt Handy-Empfang! Also suchen wir zunächst Hilfe über einen Anruf bei Luis.

»We have an immense problem«, er soll unseren nur-portugiesisch-sprechenden Mechaniker Pedro anrufen und fragen, was wir machen können.

Was wir bisher nicht wussten: Unsere Fahrzeughaftpflicht-Versicherung enthält eine Pannenhilfe und Pedro rät, sich mit der Notfallnummer an die Versicherung zu wenden, die uns einen *reboque*, Abschleppwagen schicken wird. Die freundliche Stimme hinter der Notrufnummer nimmt alle Personen- und Fahrzeugdaten auf und fragt dann, auf welcher Insel wir uns befinden. Hä? Es dauert ein wenig bis ich kapiere, dass ich mit irgendeiner Zentrale auf dem Festland telefoniere. Sie versichert mir, dass sich in den nächsten 10 Minuten der Fahrer eines Abschleppwagens telefonisch mit uns in Verbindung setzen wird, um den genauen Standort zu erfragen. Und wenn jemals etwas in Sachen Auto auf Madeira zuverlässig geklappt hat, dann diese Aktion. Der Rückruf erfolgt prompt und auch die Zeitangabe »ich bin in etwa 30 Minuten bei Ihnen«, stimmt haargenau.

Kurz bevor sich das Tal von Ribeiro Frio in dichten Nebel hüllt, nimmt ein kleiner LKW unseren großen Defender mit Seilwinde über eine Rampe huckepack. Wir dürfen vorne mitfahren oder besser gesagt, mitrumpeln. Der Laster ächzt unter der schweren Last des großen Geländewagens, der nur knapp auf der Ladefläche Platz fand, den *Poiso*-Pass hinauf und holpert danach die miserable

Straße hinunter über Camacha zur Autobahn. Unser Defender hüpft und schlenkert hinter uns hin und her, sodass der Fahrer zweimal die Seilsicherung nachzurren muss, damit wir das Auto nicht verlieren.

Doch es geht alles gut, und als wir und das Auto vor Pedros Werkstatt abgesetzt werden, wartet der gute Luis bereits, um uns nach Hause zu bringen. Wenn wir ihn nicht hätten, wäre das Leben auf Madeira um einiges komplizierter.

Während dieser Fahrt wurde uns beiden klar, dass wir uns von unserem roten »Spielzeugauto« trennen werden. Dies soll die letzte Reparatur sein und dann wird er zum Verkauf angeboten. Es reicht! Letztendlich ist es uns auch vollkommen egal, was diesmal hinter der Panne steckt.

Die Autos – *os carros*

Die Reparatur unseres Defenders scheint schwieriger als gedacht, was unsere Absicht bekräftigt das Auto loszuwerden und uns ein zuverlässigeres zu suchen. Mein Mann beginnt die Internetseiten nach Autoverkaufsinseraten durchzuforsten. Das Angebot ist nicht üppig. Er bleibt an einem VW Geländewagen hängen, den wir uns mal ansehen wollen, sobald wir wieder mobil sind.

Für unseren Schulbesuch – der Portugiesisch-Unterricht beginnt nach den Weihnachtsferien wieder am Montagabend – steigen wir warm angezogen auf den Roller. Nach Sonnenuntergang ist es im Januar doch ziemlich kühl. Wir sind froh, dass wir ein Ersatzfahrzeug zumindest für die kurzen Strecken haben.

Nach fünf Tagen kommt dann endlich der Anruf von Pedro: »*O carro está pronto!*« und wieder legen wir fast 500 Euro hin, für einen Defekt, den wir schon einmal vor einem halben Jahr beheben ließen. Die Idee, einen alten Geländewagen, einfach so fahren zu können, ohne das geringste bisschen Sachverstand und Freude am »Autobasteln« zu haben, geben wir endlich auf.

Als wir unseren Roten abholen, schauen wir uns den VW in Funchal an. Er steht bei einem kleinen Gebrauchtwagenhändler, der schnell mal eine Dolmetscherin »engagiert« um mit uns ins Geschäft zu kommen. Doch unseren Vorschlag, den Defender gegen das angebotene Gebrauchtfahrzeug einzutauschen, mag er nicht so recht ernst nehmen. Er verspricht aber sich umzuhören, ob er einen Käufer findet, als er unsere Absicht begreift, dass der alte Wagen erst weg muss, bevor wir einen neuen kaufen.

Auf dem Nachhauseweg wollen wir noch beim *stand* des Gebrauchtwagenhändlers Ilídio anhalten. Vielleicht nimmt er ihn ja zurück – eine vage Hoffnung. Da tut sich eine ganz andere Möglichkeit auf: zwei russische Interessenten, die in Funchal eine Reiseagentur betreiben suchen einen 9-Sitzer Defender für Safaris. Perfekt!

Ilídio vereinbart für uns ein Treffen am nächsten Tag und versichert uns noch, dass er an diesem Deal nichts mitverdienen möchte. Das sei er uns schuldig. Wir hätten ja leider viel Ärger mit dem Auto gehabt.

Die beiden Russen, einer spricht leidlich Englisch, sind hellauf begeistert, als sie das Auto sehen. Sie lassen sich wie wir vom äußeren Schein blenden, wollen keine Probefahrt machen, fragen nichts nach, wollen das Auto um jeden Preis haben. Nicht einmal die Aufzählung der Reparaturen, die im letzten Jahr fällig waren, schreckt sie ab. Einzig von Nachteil ist, dass sie nur Unterhändler sind und der Boss in Moskau sein ok zum Kauf geben muss. Das heißt, sie müssen Fotos schicken und wir müssen die Antwort abwarten. Wir zögern etwas, da legen sie noch mal 500 Euro ungefragt oben drauf, wenn wir uns eine Woche gedulden. Das haben wir so noch nie erlebt. Also gut, wir geben unser Wort, dass wir nicht vorher an jemand anderen verkaufen. Kein Problem, ist ja bisher auch kein anderer Interessent da.

Damit ist klar, dass wir uns ernsthafter mit dem angebotenen Volkswagen befassen können. Diesmal wollen wir beim Autokauf vorsichtiger sein und lassen ihn zum Check zu VW in die Vertragswerkstatt bringen. Adelino, der Verkäufer, hat wieder seine Übersetzerin Marisa mitgebracht und wir sitzen zu viert im Cafe und plaudern mal wieder auf »Portugenglisch«, während das Auto überprüft wird. Nach einer Stunde und dem technischen ok, beschließen wir das Auto zu kaufen und verhandeln noch ein bisschen. Am Preis lässt sich nicht rütteln. Dafür verlangen wir eine Garantiezeit von zwei Jahren und zwei neue Reifen. Adelino lässt sich darauf ein, will noch einen Ölwechsel machen, den Wagen waschen und nach dem Wochenende können wir ihn abholen. Eine Anzahlung verlangt er nicht, ihm genügt unser Wort.

Das haben wir ja nun schon mehrmals erlebt, dass man uns so viel Vertrauen schenkt, selbst wenn es um große Summen geht. Auf Madeira zählt immer erst der Mensch und dann das Geld. Wie lange noch?

Das Wochenende verbringen wir zu Hause. Wir möchten mit

dem Roten keine unnötige Fahrt mehr riskieren – hoffentlich passiert jetzt nichts mehr. Jedes ungewöhnliche Fahrgeräusch löst einen Fast-Infarkt aus.

Am darauf folgenden Dienstag läuft alles wie eine perfekte Inszenierung. Die russischen Käufer möchten das Auto um 14 Uhr übernehmen. Daraufhin rufe ich Adelino an und vereinbare mit ihm auf Portugiesisch!, dass wir den VW gegen 11 Uhr abholen wollen.

»'tá bom! – in Ordnung!«

Wir sind pünktlich in Funchal, der Kaufvertrag ist fertig, der Garantievertrag muss noch bestätigt werden. In der Zwischenzeit bringt uns Adelino zu unserem Versicherungsmakler, um die Vertragsänderung zu machen, dann zum *Loja da Cidadão* in Funchal um das Fahrzeug auf unseren Namen umzumelden – und hier klappt das freundlich, schnell und mit nur einem Formular. Marisa ist auch heute wieder mit dabei und so gestaltet sich die Ämtertour zu einer unterhaltsamen Ausflugsfahrt. Um 13 Uhr sind wir zurück am *stand*, übergeben einen Scheck und fahren mit beiden Autos zu Ilídio, wo schon die Russen mit einer Plastiktüte voll Geld auf uns warten. Wir zählen uns an den 20er- und 10er-Scheinen die Finger wund.

Sie erklären uns entschuldigend: »Wir haben auf Madeira kein Konto, deshalb müssen wir mit Kreditkarte das Geld aus dem Bankautomaten ziehen. Der gibt aber nur eine gewisse Summe pro Tag frei und außerdem sind die Automaten hier alle nur mit kleinen Scheinen bestückt.«

Stimmt, das kennen wir! Das gibt uns aber auch entsprechend Sicherheit, dass wir echte Scheine bekommen. Schlimm, wie bestimmend doch diese Vorurteile sind: wir trauen den beiden nicht, nur weil sie Russen sind. Unsere erwachsenen Kinder gaben auch zu bedenken, dass die beiden womöglich mit einer Kalaschnikow vor unserer Tür erscheinen, wenn der Defender kurz nach dem Kauf wieder kaputt ist. Wollen wir es nicht hoffen, denn eigentlich haben wir ihn ja »gesund repariert«.

Dann unterschreiben alle einen ganz simpel gestrickten Kaufvertrag: Geld erhalten, Fahrzeug übergeben, keine Garantie – fertig! Wir bringen das Geld sofort zu unserer Bank und fühlen uns ein bisschen wie im Krimi, als wir eine Plastiktüte voll mit gebündelten Scheinen auf den Tresen legen. Es wird gezählt – und passt.

Nun besitzen und fahren wir also einen Volkswagen, deutsch, grau und hoffentlich zuverlässig. Wehmütig schaue ich noch wochenlang allen Defendern hinterher.

Es dauert lange, bis ich mich damit abgefunden habe, kein »schönes« Auto mehr zu fahren. Doch die Annehmlichkeit des Sorglosen tröstet mich langsam darüber hinweg. Knapp zwei Jahre war das Auto unser Thema Nummer Eins und überschattete unseren Alltag auf Madeira. Dass wir trotzdem unsere Liebe für diese Insel und unseren Humor nicht verloren haben, liegt mit Sicherheit daran, dass dieser Alltag so viel Schönes, wenn auch mitunter Kurioses, für uns bereit hält.

Der Geburtstag – *o aniversário*

Im Mai werde ich 60.

Schon kurz nach dem Kauf unseres Hauses auf Madeira war für mich klar, dass ich diesen runden Geburtstag auf der Insel feiern möchte.

Ein Jahr bevor es soweit ist – wir verbringen inzwischen einen großen Teil des Jahres auf Madeira – verschicke ich die ersten Einladungen an meine Familie und an Freundinnen und Freunde in Deutschland, Holland, Italien und der Schweiz. Sie sollen genügend Zeit für die Planung der Reise haben. Einige sagen sofort zu, andere brauchen Bedenkzeit, denn Madeira tauchte auf ihrer persönlichen Landkarte erst mit unserem Hauskauf auf dieser Insel auf.

Als ich mit der Planung des Festes beginne, ist meine Liste mit 25 anreisenden Gästen schon ein Anlass zu großer Freude, aber auch Verpflichtung zu sorgfältiger Organisation. Fast alle kommen zum ersten Mal nach Madeira. Es ist mir wichtig, ihnen einen gute Zeit zu bereiten.

Stand bisher außer Frage, dass die Geburtstagsfeier wie bei uns üblich, zu Hause stattfinden soll, kommen mir nun allmählich Zweifel, ob das wirklich eine gute Idee ist. Was ist, wenn es regnet? Das kommt im Mai zwar selten vor, aber es ist nicht völlig ausgeschlossen. Und, wir haben unser Inventar deutlich reduziert. Das heißt, es sind in unserem Haushalt weder genügend Tische und Stühle, noch Geschirr für circa 40 Personen vorhanden. Das ist die Zahl, wenn ich Freunde, Bekannte und Nachbarn von der Insel mit auf die Gästeliste setze.

Da entdecke ich bei meinen Streifzügen durch unser Dorf eine *Pousada de Juventude*, eine Jugendherberge. Die Herbergsmutter, Cecilia, lädt mich freundlich ein mir alles anzuschauen und da blitzt der Gedanke »perfekt zum Feiern« durch. Das Haus ist eine ehemalige *Quinta*, ein Landhaus im traditionellen Madeira-Baustil:

rustikale Natursteinwände, schöne Räume, ein offener Kamin, eine weitläufige Terrassenüberdachung und ein großer überdachter Grillplatz, die obligatorische *Churrasqueira*. Die Küche ist funktional eingerichtet und ausgestattet für bis zu 50 Gäste. Es gibt sowohl im Haus als auch draußen genügend Tische und Stühle. Mehrere Terrassen bieten reichlich Platz zum Sitzen, Tanzen, Feuer machen und was uns sonst noch so alles einfallen wird. Außerdem können Gäste, die nach dem Fest nicht mehr Auto fahren wollen, gleich im Haus übernachten. Mal sehen, ob sich die »Veteranen« auf ein schmales Herbergsbett einlassen werden.

Ich kann das Haus für mein geplantes Wochenende komplett reservieren, – sogar online! – muss aber für die Bestätigung nach Funchal in die Hauptverwaltung der madeirensischen Jugendherbergen. So erfahre ich nebenbei, dass es' noch drei weitere sehr schöne Häuser auf der Insel gibt, die ihren Gästen eine preiswerte Übernachtung in einer sehr charmanten Umgebung bieten.

Für meine Feier kann ich das ganze Haus von Freitagabend bis Sonntagmittag mieten. Es gibt keinerlei Auflagen, was man nicht darf, wie ich es von deutschen Herbergen aus meiner Jugendzeit kenne. Ich soll einfach alles mit Cecilia, absprechen und man wünscht mir ein gelungenes Fest. Eigentlich kann jetzt gar nichts mehr schief gehen. Dachte ich!

Der Geburtstag rückt näher. Ich mache Einkaufslisten, reserviere in der Marina von Calheta einen Tisch für den Empfang der weit gereisten Gäste, bestelle beim Bäcker Torten und die berühmten *Pasteis de nata* – Cremetörtchen, sowie traditionelles *Bolo do Caco* – Fladenbrot, Grillfleisch für *Espetadas* beim Schlachter und bin ruhig und gelassen in meinen Vorbereitungen, bis mich eine Zeitungsmeldung aufschreckt: die Piloten der TAP wollen 10 Tage streiken, im Mai! Na toll. Fast alle meine Gäste haben bei der portugiesischen Airline gebucht.

Man muss ja fliegen, wenn man nach Madeira reisen möchte. Die Alternative zu einem gestrichenen Flug ist also nur die Umbuchung auf eine andere Gesellschaft. Da es aber im Voraus keine

Auskunft gibt, ob ein Flug gestrichen wird oder nicht, übernimmt die Airline nicht automatisch die Mehrkosten, die durch ein neues Ticket entstehen können. Also warten wir alle, wie sich die Situation entwickeln wird: wie viele Maschinen kommen von Hamburg, Berlin, Rom und Zürich nach Lissabon? Wie häufig wird Madeira angeflogen? Ich verfolge mehrmals täglich die neuesten Meldungen übers Internet und die Zeitung und bin mal hoffnungsfroh, dass alle kommen können, mal ziemlich deprimiert von der Vorstellung, dass meine Party ziemlich klein ausfallen wird. Doch meine Gäste lassen sich unisono nicht abschrecken. Sie nehmen Verspätungen, stundenlanges Warten in Abflughallen, kofferloses Reisen, mitternächtliche Ankunftszeiten und auch kurzfristige kostspielige Umbuchungen in Kauf, um mit mir zu feiern. Als zwei Tage vor meinem Fest tatsächlich alle eingetroffen und am Tisch bei Wein und einer *Caldeirada*, der portugiesischen Paella, versammelt sind, bin ich wirklich sehr gerührt.

Meine Geburtstagsfeier wird nicht nur mir, sondern auch meinen Gästen in guter Erinnerung bleiben. Die alten deutschen Freunde mischen sich unter die neuen portugiesischen, wir klönen, essen, trinken, singen, tanzen. Wir erleben eine phänomenale Feuershow, vorgeführt von einer jungen, deutschen Auswanderin. Und lassen spät in der Nacht Lichterballons in den Himmel steigen. Während wir ihren Weg zu den Sternen verfolgen, geben wir ihnen noch unsere ganz speziellen Wünsche mit. Ein stiller Augenblick in der fröhlichen Ausgelassenheit des Abends.

Tags darauf wird spät und ausgiebig auf unserer Terrasse gefrühstückt und Pläne für die nächsten Tage werden geschmiedet. Meine Idee, den Freunden meine schönsten Plätze auf Madeira zu zeigen, kommt gut an. Jetzt gilt es nur, alle unter einen Hut, beziehungsweise in die Fahrzeuge zu bringen. Nicht alle haben ein Auto gemietet, die Vorstellungen über einen Ausflug gehen auseinander, genauso wie die körperliche Kondition für eine Wanderung sehr verschieden ist. Aber auf Madeira gib es Möglichkeiten für alle – *divertimentos para todos!*

Rundwanderung durch den alten Lorbeerwald:
Fanal – Fio

Unser erster Tag führt uns mit vier Fahrzeugen hinauf in den Feenwald Fanal. Über die Hochebene von *Paúl da Serra* führt uns eine schmale Straße Richtung Porto Moniz. Zwischen der für diese Höhe typischen Baumheidevegetation blitzt immer mal wieder der gelb leuchtende Ginster hervor. Am Forsthaus *Posto Florestal* stellen wir die Autos ab und streifen erstmal zwischen den uralten Lorbeerbäumen umher. Über sanfte Hügel lässt sich dieser Märchenwald von Baum zu Baum entdecken. Jahrhundertalte, knorrige Methusalems, von Flechten, Moosen und Pilzen überwachsen, erzählen Geschichten aus grauer Vorzeit, bevor der erste Mensch seinen Fuß auf diese Insel gesetzt hatte. Heute legt sich ausnahmsweise keine Wolke in dieses attraktive Wandergebiet und so lassen sich mehrere Runden mit spektakulären Ausblicken drehen. Dann wird das Picknick ausgepackt. Wir trinken kalten Nescafé, essen *Bolo do Caco* mit *Queijo de cabra* – Ziegenkäse und *Chouriço*, Tomaten, Weintrauben und Schokolade, lagern im Gras und lassen uns von der Sonne ein wenig einschläfern.

Bei unserem Aufbruch bleibt ein Freund, unser »Abenteurer« Kalle, hier im Fanal zurück. Er ist für eine Weitwanderung ausgerüstet und will die nächsten Tage die Insel alleine zu Fuß entdecken.

Wir anderen steuern indes den Küstenort Porto Moniz im Nordwesten an, wo sich einige auf ein Bad im Meeresschwimmbad zwischen den Vulkanfelsen freuen. Das Wasser ist im Mai noch recht frisch. Ich kneife, doch einige wagen den Sprung. Ist ja auch sehr besonders, inmitten der tosenden Brandung vor den Felsen, im geschützten Becken gefahrlos gegen die Wellen anschwimmen zu können. Diese natürlichen Vulkansteinbecken wurden bis vor 20 Jahren für den Fischfang genutzt. Bei Hochwasser spülte das Meer mit jeder Welle – und die sind an diesem Zipfel der Insel immer sehr beträchtlich – reichlich Fische über die Felsen. Die

Fischer warfen Sträucher der auf Madeira üppig wachsenden, für Fische giftigen Fischfang-Wolfsmilch in die Becken und konnten die betäubten Fische schnell an Land bringen, bevor das Meer sie wieder zurückholte. Heute sind diese Becken eine Attraktion für Badegäste in dem beschaulichen Ort Porto Moniz.

Der krönende Abschluss dieses schönen Tages ist das Forellenessen bei »*Justinos*« im *Chão da Ribeira*. Schon die Anfahrt zu diesem abgelegenen, urigen Restaurant ist ein Erlebnis. In steilen Serpentinen windet sich eine schmale Straße vom Ort Seixal an der Nordküste hinauf in ein Hochtal, das ein wenig an die Schweiz erinnert. Winzig kleine Natursteinhäuschen reihen sich am Fluss entlang, blühende Wiesen, ein paar Felder und – Stille. Im Restaurant sind wir, wie so oft, die einzigen Gäste. Und wie immer schmecken die Forellen – *Trutas da Casa* einfach köstlich.

Für den nächsten Tag haben wir uns das Whale Watching vorgenommen und chartern in der Marina von Calheta ein Boot.

Der Bootsführer Nuno und sein Späher Manuel, helfen uns auf das schon im Hafenbecken leicht schwankende Boot. Es ist ein kleines Sportboot, wie es üblicherweise zum Hochseeangeln genutzt wird, mit zwei jeweils 500 PS-starken Außenbordmotoren. Nach dem Hinweis, dass wir heute mit zwei kräftigen Strömungen rechnen müssen, die das Wasser küstennah etwas unruhig machen, nehmen die ersten bereits ein Mittel gegen Seekrankheit ein.

Es war von der Küste aus nicht zu sehen, dass wir über Wellenkämme von 3-4 Metern reiten müssen, die wirklich gegeneinander laufen. »Kabbelig nennt man das! Richtet den Blick immer zur Küste, das hilft!« rät Nuno. Aber nicht jedem. Bevor wir den ersten Fisch gesichtet haben, sind schon vier der Mitfahrerinnen kreidebleich. Mir geht es erstaunlich gut. Ich genieße den Seewind, die salzige Frische, die Farbe des Meeres, die neuen Eindrücke von der Insel aus der Wasserperspektive. Dann sichtet Manuel einen Zug von Delfinen, Nuno gibt Gas und das Boot prescht über die Wellenkämme Richtung Westen. Auf Höhe von Paúl do Mar haben wir sie erreicht. Mit gedrosselter Geschwindigkeit schließen wir uns ihrer Richtung an und schon bald finden die ersten Tiere Gefallen daran um unser Boot herum zu spielen. Es sind atlantische Fleckendelfine, ein Zug von etwa 200 Tieren – und wir sind mittendrin. Es ist faszinierend!

Immer wieder wird das Boot von unten überholt und zwei, drei der Delfine schwimmen dicht am Bug, schießen dann davon und springen übermütig aus dem Wasser. Und schon sind die nächsten da. Beugte ich mich über den Bug, könnte ich sie direkt berühren.

Selbst die seekranken Frauen scheinen vorübergehend ihre Übelkeit besser zu vertragen. Doch nicht lange, dann werden »die Fische gefüttert«. Eine nach der anderen hängt sich über die Reling und überlässt ihr Frühstück den Meeresbewohnern. Delfine haben daran allerdings kein Interesse.

Nach etwa 15 Minuten verlassen wir den Schwarm, um die Tiere nicht zu stressen und hoffen, dass uns vielleicht noch ein Wal vor den Bug schwimmt. Doch heute scheint die Südküste Wal-frei zu sein und wir müssen uns mit Wellenschaukeln und Küste gucken zufrieden geben. Ich bin bislang ziemlich seefest geblieben. Mit viel Speed geht es nach knapp zwei Stunden zurück in den Hafen von Calheta. Ich glaube, dass alle dankbar sind, als sie wieder festen Boden unter den Füßen haben. An ein Mittagessen möchte jedenfalls erstmal niemand denken.

Tag drei der gemeinsamen Ausflüge wird in Funchal verbracht. Heute streunen alle nach eigenem Plan durch die Stadt und die schönen Gärten und wir treffen uns am späten Nachmittag in unserem Lieblingscafé *Macaronésia* auf der Dachterrasse der Markthalle, *Mercado dos Lavradores*, wieder. Seit unserem ersten Urlaub lieben wir das tropische Flair dieses Cafés und seine charmanten Kellner. Fast jeder unserer Besucher wird einmal hierher entführt und trinkt frisch gepresste Säfte von tropischen Früchten.

Levadawanderung:
Levada do Alecrim – Lagoa do Vento

Bevor der größte Teil meiner Gäste die Heimreise antritt, wollen alle noch eine »richtige« Levadawanderung machen. Wieder geht es hinauf auf die Hochebene, um oberhalb vom Forsthaus *Rabaçal* auf der *Levada do Alecrim* zu wandern. Diese Levada scheint mir gut für alle geeignet, weil sie kaum Anstiege hat und ungefährlich zu laufen ist. Doch zwei der Gruppe müssen nach kurzer Zeit in Begleitung kehrt machen, weil sie das Problem der Höhenangst nicht richtig eingeschätzt haben. Die kurzen Abschnitte, auf denen der Blick in die Tiefe nicht durch hohen Baumheidenbewuchs gebremst war, genügten, um Angst und Unsicherheit zu erzeugen. Doch es geht alles gut. Die beiden werden von meinem Mann sicher zurückgeleitet und wollen im nächstgelegenen Restaurant auf der Hochebene, mit dem seltsamen Namen »Jungle Rain«, auf die Rückkehr der Wandergruppe warten.

Eine gute Stunde wandern wir am Kanal der Rosmarinlevada entlang, mit wunderbaren Ausblicken über die bewaldeten Hügelkuppen des Hochlands und das tiefe Tal der *Ribeira da Janela*. Knorrige Baumheide mit silbergrauem Flechtenlametta beschattet unseren Pfad, bis wir entlang einer Wassertreppe auf 54 Stufen aus dem Wald heraustreten. Bald darauf hören wir bereits das Rauschen der Wasserfälle, die sich in die *Madre* – die Quelle der Levada ergießen.

Dort gibt es für die Wanderer auch heute wieder ein Picknickziel. Am Ufer des kleinen Bergsees lässt es sich auf rund geschliffenen Felsen bequem lagern. Forellen huschen durch das kalte, grüne Wasser des Sees. Die Rucksäcke werden abgelegt, Essen und Trinken ausgepackt, einige kühlen die müden Füße im Bachbett.

Auf dem Rückweg suchen wir einen nicht leicht zu findenden Pfad, auf dem ein paar von uns absteigen wollen, um die Tour zu erweitern. Zwischen dichtem Baumheidebewuchs ist ein steiler Abstieg zu entdecken, der hinunter zum *Lagoa do Vento* führt. Der

See liegt spektakulär in einem halbkreisförmigen Kessel, darüber erhebt sich eine etwa 100 Meter hohe Wand, an der ein dünner Wasserfall vom Wind zu einem Schleier versprüht wird.

Wir steigen auf einem schmalen Waldpfad weiter ab und dann ist es bereits später Nachmittag als wir das Forsthaus *Rabaçal* und den breiten Weg an der *Levada do Risco* erreichen. Die Wandermassen, die am Vormittag diesen beliebten Spaziergang zu den *Risco*-Wasserfällen entlang der gleichnamigen Levada machen, sind längst wieder weg. Nur die Madeirafinken sind noch zahlreich unterwegs und begleiten uns in das feuchte Tal hinein. An dieser Levada macht sich der Wasserreichtum der Insel besonders deutlich bemerkbar. Entlang des Weges fließt nicht nur Levadawasser, es gluckst und gluckert aus den Steinspalten, es sprüht aus großer Höhe über die Felswand auf uns herab, sogar eine kleine Wasserfalldusche müssen wir in Kauf nehmen. Dazu Grün in allen Schattierungen von Moosen, Flechten und Farnen. An den eindrucksvollen Wasserfällen ist der Weg zu Ende. Zu gefährlich ist es, unter den Wasserfällen hindurch, an der nassen Wand entlang, ein Weiterkommen zu versuchen.

Nach weniger als einer halben Stunde sind wir zurück am Forsthaus und ich überrede die kleine Gruppe den Rückweg mit mir durch den langen Tunnel zu »riskieren«. Am Eingang des 900 Meter langen Felstunnels, der eine mächtig große Levada zur Südflanke führt, ist ein blumengeschmückter Madonnenaltar in den Fels eingelassen. Mit Segen und Taschenlampen tauchen wir ein in das Felsgewölbe. Das Tageslicht am Ende ist immer sichtbar und »zieht« uns gut hindurch. Trotzdem sind wir erleichtert als wir auf der anderen Seite, wieder in der Sonne sind – nicht jeder ist ein Tunnelfreak!

Die Gruppe, die auf den Abstieg verzichtet hatte, hat uns ein Auto hier abgestellt und wir sind froh nach dieser mehrstündigen Tour endlich die Füße ausruhen zu können.

Dieser letzte gemeinsame Tag endet mit einem Abschiedsessen in Calheta – ganz stilvoll portugiesisch. Meine Gäste sollen Madeira in seiner ganzen Vielfalt in Erinnerung behalten. Im Restaurant *Convento das Vinhas* kommen sowohl Fleisch- als auch Fischesser voll auf ihre Kosten: gegrillte Napfschnecken, Oktopus-Salat, Degenfisch, Lammfilets, Kaninchenragout, Maracujapudding … jede Menge portugiesischer Spezialitäten werden probiert und genossen.

Ein gelungener Abschluss einer wundervollen Woche mit Familie und Freunden!

Einige Tage später nehmen wir mit den wenigen Gästen, die eine weitere Woche auf Madeira verbringen, unseren Freund und Abenteurer Kalle bei einer Wanderung im Osten der Insel wieder in Empfang. Er ist in sechs Tagen mit Zelt und Schlafsack vom Fanal, dem alten Lorbeerwald im Westen, über die Hochebene Paúl da Serra zum Encumeada-Pass und weiter über das Zentralmassiv und den Küstenweg im Norden bei Porta da Cruz bis nach Machico im Osten der Insel gewandert. Eine Inselüberquerung, die fast dem Verlauf des Bergmarathons MIUT entspricht, die ich ihm als grobe Orientierung mitgegeben hatte.

Inselüberquerung:
Porto Moniz – Machico

Auf 115 km Wanderstrecke kannst du eine Zeitreise machen: wie sah die Insel vor knapp 600 Jahren aus? Welche Strapazen mussten die Bewohner bis Mitte des letzten Jahrhunderts auf sich nehmen? Und wie gestaltet sich das moderne Madeira heute?

Der Weg führt dich ab Meereshöhe im Nordwesten vom Ort Porto Moniz in einem stetigem Auf und Ab über die höchsten Gipfel der Insel und wieder hinunter zum Meer, zur alten Festungsstadt Machico im Südosten.

Einmal im Jahr wird auf dieser, vom Gebirgsverein von Funchal, ausgewählten Strecke ein Ultra-Marathon mit internationaler Beteiligung veranstaltet – der MIUT.

Der Weitwanderweg, zum Teil auf alten, traditionellen Wirtschaftswegen, die Dörfer verbanden um Ernten und Handelswaren über die Insel zu verteilen, zum Teil auf steilen, schmalen Pfaden von Pass zu Pass oder entlang des weit verzweigten Systems der Levadas, ist die Krönung des Wanderparadieses auf Madeira und verlangt früher wie heute dem Wanderer eine gute Kondition und viel Aufmerksamkeit ab.

Die erste Etappe über das westliche Bergmassiv zwischen der kleinen Stadt Porto Moniz und dem Encumeada-Pass erstreckt sich in einem zehrenden Auf und Ab mit zwei herausfordernden Anstiegen: hinauf zum Fanal, ein steiler Abstieg in das Tal Chão da Ribeira und wieder hinauf bis zum Forsthaus Estanquinhos auf der Hochebene von Paúl da Serra. Diese Wege wurden in früheren Zeiten von den Menschen genutzt, um Feuerholz aus den Bergen zu holen.

Die Region des Fanal, Teil des Naturreservats von Madeira, ist geprägt von einer einzigartigen Stille, Mystik und Erhabenheit inmitten eines lichten Waldes von jahrhundertealten Lorbeerbäumen, die bereits vor der Entdeckung der Insel im Jahr 1419 hier wuchsen. Der Abstieg nach Chão da Ribeira entführt für kurze Zeit in eine vermeintlich schweizerische Berglandschaft: es geht durch dicht bewaldete Berghänge in ein Hochtal, wo sich kleine Steinhäuschen in von Natursteinmauern eingefassten Gärten verteilen, Forellen durch die Bäche flitzen und die Wiesen im Sommer orange glühen, wenn die Montbretienblüte begonnen hat. Der zweite lange Aufstieg bringt dich zu den smaragdgrünen Farnwiesen und leuchtend gelben Ginsterbüschen auf der Hochebene Paúl da Serra, wo sich seit einigen Jahren zahlreiche Windräder drehen, um Madeira mit Ökostrom zu versorgen.

Der Abstieg in das breite Tal der Ribeira Grande, das die Insel fast in der Mitte durchschneidet und zwei völlig unterschiedliche Bergformationen trennt – im Westen die 1300 m hohe Hochebene, im Osten das Gebirgsmassiv mit seinen über 1800 m hohen Gipfeln – erfolgt in Serpentinen auf einem mit Kopfstein gepflastertem alten Wirtschaftsweg hinunter bis Ginjas. Dann geht es wieder gut 600 Meter hinauf zu Madeiras Wetter- und Wasserscheide, dem Pass Boca da Encumeada. Im Frühling verwandeln die Blüten des Natternkopfs, eine der wenigen endemischen Pflanzen, diesen Forstweg in ein lila-blaues Farbmeer.

Ehrgeizige Wanderer bringen diese erste Etappe in zwei Tagen hinter sich und campieren mit Genehmigung der Forstverwaltung. Wer nach anstrengenden Tagesmärschen eine Dusche und ein bequemes Bett braucht, kann in den Tälern und knapp unterhalb der Passhöhe Quartier beziehen.

Bevor es weiter geht in die Bergwelt des Zentralmassivs, lohnt sich ein Erholungstag im Folhadal-Wald, der seinen Namen von den Maiblumenbäumen hat, die hier von Juli bis September blühen und deren Duft an Maiglöckchen erinnert. Verwunschen wirkt dieser Wald mit seinem üppigen Gewirr aus Hortensien, Farnen und knorrigen Lorbeerbäumen und fast erwartest du, dass Elfen deinen Weg kreuzen.

Vom Encumeada-Pass führt der caminho real, einst ein viel begangener Teil der Inselüberquerung von São Vicente nach Funchal, über den Eselspass hinunter in den Kessel des Nonnentals, Curral das Freiras. Der Pflasterweg wurde in den letzten Jahren restauriert und bietet weite Aussichten in eine unglaublich bizarre Gebirgslandschaft.

Das zwischen imposanten Gipfeln versteckte Hochtal war im 16. Jahrhundert Zufluchtsort für die Schwestern des Klosters von Santa Clara, als plündernde Piraten über Madeira herfielen. Es liegt sehr windgeschützt und sein mildes Klima lässt Wein, Kirschen und Esskastanien hier gut gedeihen.

Über die Boca das Torrinhas geht es wieder hinauf auf einen Kammweg, der sich über das Zentralmassiv von Gipfel zu Gipfel über eine Länge von zwölf Kilometern erstreckt. Auf schmalen Pfaden, mehr-

mals die Kammseite wechselnd, steigst du hinauf zu Madeiras höchstem Berg, dem Pico Ruivo, auf 1862 m.

Nun folgt die spannendste Etappe auf dem Dach von Madeira. Die spektakuläre Wegführung, vor 50 Jahren von der Inselverwaltung zwischen dem Pico Ruivo und dem Pico do Arieiro angelegt, bietet mit teils gepflasterten und gestuften, teils steinigen Saumpfaden und etlichen Felstunneln eine absolut anspruchsvolle Bergtour, die du möglichst in den frühen Morgenstunden gehen solltest, denn gegen Mittag hüllen aufziehende Wolken die Gipfel in Watte ein. Dafür wirst du belohnt mit grandiosen Ausblicken über eine phantastische Bergwelt, die sich im Frühsommer bis zu den Gipfeln mit Blüten schmückt.

Vom Pico do Areeiro führt der Wanderweg langsam abwärts, vorbei am »Schneebrunnen«, Poço da Neve. Der Kuppelbau aus grauem Basaltstein ist das letzte erhaltene Eishaus aus einer Zeit als es auf Madeira noch keine Kühlschränke gab. Bis weit in das 20. Jahrhundert hinein sammelten die Neveiros den Schnee auf den Gipfeln, und stampften ihn in den Schneebrunnen zu Eis, wo sich dieses bis zum nächsten Winter hielt. Im Sommer wurden die Eisbrocken, in Leder eingeschlagen, bei Nacht im Laufschritt hinunter nach Funchal gebracht. Abnehmer waren reiche Haushalte und große Hotels.

Du kannst diesem Weg durch den ökologischen Park von Funchal bis hinunter in den Lorbeerwald von Ribeiro Frio folgen. Der madeirensische Lorbeerwald, Laurissilva, ist einer der seltensten Waldlebensräume der Welt und für die Wasserversorgung der Insel lebenswichtig. Seit 1999 unterstützt die UNESCO Madeira für dieses Weltnaturerbe.

Vorbei an den Fischbecken einer Forellenfarm steigst du ab Ribeiro Frio über einen gepflasterten Wirtschaftsweg hinauf zur Hochebene Chão das Feiteiras, wo dir vermutlich Schafherden begegnen. Wenn hier Nebel aufzieht, dängt sich der Eindruck auf in Schottland zu sein. Doch schon bald tauchst du wieder ein in einen grünen Dschungel, aus dem dir die Levada do Furado den Weg weist.

Der sanfte Abstieg zum Portela-Pass gibt bald den Blick frei auf das Wahrzeichen der Nordküste, den Adlerfelsen. Mit seinen 560m steht der massive Klotz, mit nach allen Seiten steil abfallenden Felswänden, als weithin sichtbare Landmarke an der Küste. Seinen Namen verdankt er den früher hier zahlreich nistenden Fischadlern.

Hier beginnt eine erholsame Etappe ohne nennenswerte Steigungen durch ein weitläufiges Waldgebiet mit Resten von heimischem Lorbeerwald und urzeitlich anmutenden Baumfarnen über die Funduras-Berge. So ausgeruht, ist nun die letzte knifflige Strecke, der Abstieg zur »gefährlichen Öffnung«, der Boca do Risco, zu meistern. Nun befindest du dich wieder auf einem alten Wirtschaftsweg, der Jahrhunderte lang im Osten der Insel die kürzeste Verbindung zwischen Nord- und Südküste war.

Über diesen Klippenweg, hoch über dem schäumenden Meer, brachten die Borracheiros den jungen Wein in Schläuchen aus Ziegenhaut von Porto da Cruz nach Machico und weiter bis zu den Weinkellern in Funchal.

In einem weiten Bogen wanderst du am Rande des Tals des Ribeira Seca entlang der Levada do Caniçal, vorbei am Fackelberg, Pico do Facho, der in alten Zeiten Piratenausguck war, deinem Ziel, der Bucht von Machico, entgegen.

Hier, im geschichtsträchtigsten Ort der Insel, endet deine Wanderung, wo vor 600 Jahren die Entdecker Madeiras an Land gingen und die portugiesische Flagge hissten.

Wir nehmen Kalle also am *Pico do Facho*, oberhalb der Bucht von Machico wohlbehalten, aber ein wenig abgemagert in Empfang. Die Inselüberquerung forderte ihren Tribut an Körpergewicht. Wir haben ordentlich Proviant eingekauft und wollen nun den letzten Weg bis zur Ostspitze *São Lourenço* gemeinsam gehen. Zuerst den alten Walfängersteig bis zum ehemaligen Fischerdorf und jetzigen Frachthafen Caniçal, dann bei einer ziemlich steifen Brise, hinaus zu den bizarren Klippen, die sich gegen Wind und Wellen des Atlantiks stemmen.

Das östliche Ende der Insel, *Ponta de São Lourenço*, eine schmale Landzunge mit karger Vegetation, hat so gar nichts mit dem Klischee der Blumeninsel gemein. Das zarte Grün des Frühlings ist im Mai bereits einer braunen Grassteppe gewichen. Wir sind am späten Nachmittag die letzten Wanderer, die den Weg bis zur *Casa de Sardinha* unternehmen, denn es gibt in dieser Oase keine offizielle Übernachtungsmöglichkeit. Gegen den Strom zu laufen ist aber die einzige Möglichkeit, diese spektakuläre Landschaft ohne eine Völkerwanderung zu erleben. Es kommen uns noch ein paar Wanderer entgegen, doch bald sind wir allein, genießen die atemberaubenden Ausblicke, die sich mal zur südlichen, mal zur nördlichen Küstenlinie ergeben, studieren das Farbspiel des Vulkangesteins der schroffen Klippen und lauschen den Rufen der Gelbschnabelsturmtaucher, die ihre Bruthöhlen in den zerklüfteten Küstenfelsen haben. Der Wind frischt weiter auf und wir müssen uns für die Nacht mit unseren Schlafsäcken hinter dem Gebäude ein geschütztes Plätzchen suchen.

Am frühen Morgen, bevor die ersten Ausflügler erscheinen, steigen wir noch auf den kegelförmigen *Morro do Furado*, wo wir einen Sonnenaufgang mit phantastischem Panorama zum Leuchtturm auf der Insel *Ilhéu do Farol*, zu den *Desertas* und bis *Porto Santo* geboten bekommen.

Die goldene Insel – *a ilha dourada*

Zum Archipel von Madeira gehören außer der Hauptinsel noch eine weitere bewohnte und mehrere von Menschen unbewohnte Inseln. Von Funchal aus und weiter östlich der Küste entlang, hat man bei klarem Wetter fast immer die *Desertas* im Blick – drei flache Felsinseln, *Ilhéu Chão, Deserta Grande und Búgio*. Sie sind das letzte geschützte Rückzugsgebiet der vom Aussterben bedrohten Mönchsrobben und stehen unter strengem Naturschutz.

Die zweite unbewohnte Inselgruppe, die *Ilhas Selvagens*, liegt weit in südöstlicher Richtung. Diese wilden Riffinselchen haben kein Trinkwasservorkommen, dafür aber eine einzigartige, intakte Pflanzenwelt, die seit ihrer Entdeckung nicht gestört worden ist.

Dazwischen ist die *Ilha Dourada*, die goldene Insel Porto Santo. Diesen Namen bekam sie nicht etwa wegen ihres kilometerlangen goldgelben Sandstrands, sondern weil sie bis ins 19. Jahrhundert die Kornkammer des Archipels war.

Immer wieder begegnete uns auf Madeira die Frage: »Wart ihr schon mal auf Porto Santo? Nein? Da müsst ihr unbedingt mal hin!«

Wir hatten in den ersten Inseljahren kein Bedürfnis nach »Urlaub am Sandstrand« und deshalb die Anregung nicht weiter verfolgt.

Bis mein Mann eine verlockende Anzeige in der Zeitung entdeckt. So sprachfest sind wir also schon, dass wir uns, wo sich die Gelegenheit bietet, die Zeitung schnappen und durchblättern. Diesmal hat er eine knappe Stunde Wartezeit im *centro de saúde* von São Vicente, während ich wegen eines Sturzes bei einer Wanderung in der Notfall-Ambulanz versorgt werde. Als ich mit verpflastertem Gesicht und langsam erblauendem Auge zu ihm in den Wartebereich zurückkomme, strahlt er mich an und fragt: «Sollen wir mal nach Porto Santo fahren?«

»Du meinst, an den Sandstrand? Damit ich beim nächsten Mal nicht so hart aufschlage, wenn ich stürze?«

»Auch!«

Die Idee, mal ein Wochenende ohne Wanderung zu verbringen, finde ich ausnahmsweise gut, denn meine Brille ist dem Sturz zum Opfer gefallen und mit der Ersatzbrille bin ich nicht so richtig schwindelfrei. Wir fahren also zum nächsten Reisebüro, buchen spontan unsere erste Schifffahrt über den Atlantik und steigen am darauf folgenden Freitagabend in Funchal auf die Fähre *Lombo Marinho*. Bei ruhiger See gleitet das Schiff in zweieinhalb Stunden übers Meer zu unserer kleinen Nachbarinsel. Kurz bevor wir die Südküste von Madeira hinter uns lassen, entdecken wir Wale, die lange Zeit mit dem Schiff durch die Abendsonne ziehen. Wir beobachten von unserem windgeschützten Deck knapp dreißig Pilotwale, die sich mit Anmut durch das Wasser bewegen. Ein schönes Schauspiel, das sich kaum ein Mitreisender entgehen lassen möchte.

Es sind überwiegend portugiesische Reisende jeden Alters: Schulklassen, Musikgruppen, Familien. Viele, die sich das große Fest zu Ehren von *São João* am letzten Juniwochenende auf Porto Santo nicht entgehen lassen wollen. »Volle Strände, ausgebuchte Hotels und Ferienwohnungen schon im Juni«, wie die deutschsprachige Madeira-Zeitung verkündet hatte, war wohl mehr der Hoffnung, als der Wirklichkeit geschuldet. Die kleinen Grüppchen, die das Schiff auf Porto Santo verlassen, sind doch recht überschaubar. Von Massentourismus keine Spur. Uns soll es recht sein.

Wir haben ein Hotelzimmer im Zentrum von Vila Baleira, der »Hauptstadt« gebucht, bekommen vom Hafen zum Hotel sofort ein Taxi und können nach dem Einchecken noch für ein paar Stunden durch das festlich geschmückte Städtchen schlendern. Auf mehreren Plätzen riecht es bereits lecker nach *Espetadas*, die auch hier über offenem Feuer in halbierten Ölfässern gegrillt werden. Lautsprecher hängen an den Laternenmasten, um in jeder Gasse die musikalischen Darbietungen der Hauptbühne miterleben zu können. Die Bars sind locker besetzt, ein freier Tisch wäre überall zu bekommen. Doch wir lassen uns am Brunnen des heiligen Johannes nieder, der zu diesem Anlass ebenfalls festlich geschmückt ist. Darum herum gruppieren sich diverse Stände mit Sangria und Porto-Santo-Wein, Zuckerwatte, Eis, Popcorn und was es halt so auf einer Kirmes zu finden gibt. Wir haben einen guten Blick auf die Bühne, aber weitaus interessanter ist es, die Leute um uns herum zu betrachten. Alte Männer auf der Bank vor uns, ruhig, mit zufriedenem Gesicht, schauen wie wir einfach in die Menge. Bis eine alte Frau einen von ihnen zum Tanz auffordert. Er lässt sich nicht zweimal bitten, und schon dreht sich das Paar ganz selbstverständlich im Foxtrott rund um den Brunnen. Nur die kleinen Mädchen mit ihren Zuckerwatten bleiben stehen und wiegen sich mit im Takt. Die Teenager sind näher an der Bühne, kommen immer mal wieder mit forschem Schritt an uns vorbei, als ob es etwas ganz Wichtiges zu erledigen gäbe, die Älteren schlendern, schwatzen und schauen ab und zu Richtung Bühne, wenn ein neues Programm angekündigt wird. So geht die Nacht dahin. Wir liegen zwar kurz nach Mitternacht in unseren Betten, doch an Schlafen ist nicht zu denken. Es ist nicht die Musik und es sind nicht die Leute, es sind Autos, die uns wach halten.

»So viele Autos kann es doch hier gar nicht geben, dass der Verkehrsstrom die ganze Nacht nicht abreißt,« denke ich und hoffe, dass die nächste Nacht ruhiger wird.

Der Vormittag ist im Zentrum genauso geschäftig und allmählich bekomme ich eine Vorstellung, was hier in der Hauptsaison los sein kann. Glaubt man den Zahlen des Touristikbüros, verzehnfacht sich die Zahl der Menschen im August. Zu den fünftausend Inselbewohnern kommen dann 45.000 Gäste hinzu. Dann werden die Geschäfte gemacht, von denen die meisten Inselbewohner den Rest des Jahres leben müssen.

Wir wollen den Trubel heute hinter uns lassen und fragen nach einem Fahrradverleih. Am »Stadtrand« werden wir fündig. Ein Zweirad-Händler bietet Citybikes, Mountainbikes, Tandems, Fahrräder mit Elektromotor, Roller und Mopeds zum Verleih an, alle in ordentlichem Zustand. Wir entscheiden uns für Mountainbikes, denn ganz so flach wie gedacht ist die Insel nun doch nicht und die schönsten Plätze, so der junge Mann, der uns die Räder übergibt, erreicht man nur auf Schotterstraßen oder Sandpisten.

Na, denn mal los. Zum Eingewöhnen nehmen wir uns die ebene Strecke in Richtung Westen, zum *Cabo da Calheta* vor. Knapp zehn Kilometer fährt man hinter den Sanddünen des endlosen Sandstrandes auf einem asphaltierten, breiten Fahrradweg parallel zur Straße hinaus zur Inselspitze. Dort enden Sandstrand und Straße praktischerweise an einem kleinen, feinen Restaurant, das für seine Fischgerichte viel gerühmt wird. Wir sind zu früh zum Essen da, nehmen nur einen *chinesa*, sammeln noch ein paar Muscheln am Strand und sitzen schon wieder auf dem Fahrradsattel. Nach mehrjähriger Fahrradabstinenz macht die Treterei wieder richtig Spaß. Das ändert sich aber ziemlich schnell, als wir die Küste verlassen, um über den Berg zur Bucht von *Zimbralinho* zu kommen. Das war einer der Geheimtipps vom Fahrradverleih. Ich habe bald das Gefühl meinen persönlichen Mount Everest zu erklimmen und muss, entgegen jeder Mountainbiker-Manier, schieben. Wenig aufbauend ist da der freundliche Hinweis nachfolgender Reiter, ich solle lieber ein Pferd nehmen, das mir die Strapazen abnähme. Irgendwann bin auch ich oben, glücklich, dass für den Abstieg zur Bucht die Räder sowieso abgestellt werden müssen.

Diese Bucht ist wirklich ein Geheimtipp. Wir sind alleine hier. Der kleine Steinstrand liegt eingebettet in senkrecht aufstrebende Basaltwände mit phantastischen Felsformationen. Das türkisblaue Wasser umspült kleinere Felsen und Lavabecken, die jetzt zur Ebbe malerisch herausragen. Das Meer ist ruhig und wir hören nur ein leises Glucksen zwischen den Steinen, wie wir so ausgestreckt da in der Sonne liegen. Traumhaft schön, aber Steinstrände sind halt auf Dauer unbequem.

Nach einem erfrischenden Bad steigen wir den kleinen Pfad an der Felswand wieder zu unseren Rädern hinauf. Dann geht es die Piste hinunter, die mir vorhin so viel Mühe machte. Die Bremsen haben gut was auszuhalten, die Arme, auf denen das ganze Körpergewicht zu liegen scheint, auch!

Bevor wir unser nächstes Ziel ansteuern, lockt eine italienische Eisdiele. Die Auswahl an Eissorten ist zwar gering, doch es schmeckt ganz und gar italienisch hausgemacht. Oder glauben wir das nur, weil der Wirt ein echter Italiener ist? Egal, wir genießen es, erfreuen uns darüber mal wieder italienisch zu parlieren und fühlen uns sehr mediterran. Auch die Düfte von Wacholder und Strandgräsern, die aus den Dünen herüberwehen, lassen uns glauben, wir wären auf Sizilien.

Unser nächstes Ziel ist ein geologisches Monument. Diesmal geht es sanft bergauf über eine Sandpiste, die wir nur aufgrund unseres handgezeichneten Plans finden. Es gibt keinen Hinweis, kein Schild und dann, ganz plötzlich stehen wir vor einer riesigen Basaltstein-Orgel. Wow! Am Fuße des *Pico Ana Ferreira*, bilden spektakuläre Säulenformationen ein gewaltiges Halbrund, Relikt von Jahrmillionen alten Vulkanaktivitäten.

Von hier aus lässt sich Porto Santos Westen bis hinüber zu den Vulkankegeln gut überblicken: die Piste des Inselflughafens, wohin bei schlechten Windverhältnissen die Madeiraflieger manchmal ausweichen müssen, wenn es in Funchal keine Landeerlaubnis gibt – und zwei Golfplätze!

Mal ehrlich: muss das sein? Bereits jetzt im Juni ist die Insel total ausgetrocknet, aber die Golfplätze werden bewässert.

Die Zufahrten sind ein weiterer Schildbürgerstreich. Wir kommen uns vor, wie auf einem Verkehrsübungsplatz, denn ein ganzes Netz von kurzen Straßen endet im Nichts, wohl aber gut ausgestattet mit Zebrastreifen, Fußgängerwegen und jeder Menge Verkehrsschildern.

Für ein Schild, das den Weg zum Monument weist, scheint kein Geld mehr übrig gewesen zu sein. Schade!

Wir beenden den Nachmittag mit einer Stunde im Sand und im Wasser. Noch ist der lange Goldstrand nur mäßig bevölkert. Vor allem, wenn man ein paar Schritte weg von den Strandbars macht, liegt man fast alleine.

Nun brauchen wir nur noch ein gutes Restaurant zu finden und der Tag ist rund. Doch das ist nicht so leicht, denn für die Geheimtipps ist man mit dem Fahrrad schlecht bedient. Zu weit entfernt, zu hoch oben! Wir begnügen uns mit Pizza in einer Strandkneipe und vertagen unser Fischgericht auf den nächsten Tag.

Das Museum in Vila Baleira ist uns am Sonntagvormittag einen Besuch wert, denn immerhin beherbergt es auch das Wohnhaus von Christopher Columbus. Alte Fotos vom Inselleben im letzten Jahrhundert, eine Menge an Historie vom Seefahrervolk Portugals, einige Fundstücke von einer im 18. Jahrhundert vor Porto Santos Küste gesunkenen niederländischen Karavelle, ein paar antike Möbelstücke, wenig zu bzw. gar nichts von Columbus. Wir sind etwas enttäuscht. Aber was konnten wir erwarten? Der Genuese Columbus hatte zwar ein Jahr auf Porto Santo gelebt und dort geheiratet, musste aber vor der portugiesischen Krone nach Spanien fliehen, und hat die Neue Welt im Auftrage von Isabella, der Königin von Kastilien und Tarragona entdeckt. Genau genommen dürften die Portugiesen gar keinen Anspruch auf ihn erheben. Nur sein Haus steht noch da, ist schön restauriert und lockt Besucher ins Museum.

Museal sind auch die Windmühlen von Porto Santo, einst Wahrzeichen der Insel, als sie noch fruchtbar war und der Getreide- und Weinanbau den Menschen ihr Auskommen sicherte. Wir treten kräftig in die Pedale, um die schmale Straße, die sich durch eine öde, verkarstete Landschaft hinaufwindet, zu schaffen. Belohnt werden wir mit einem phantastischen Rundblick vom Hafen die lange, goldene Sandküste entlang, über die weite Ebene, aus der markant der erloschene Vulkankegel Pico do Facho herausragt. Eine stille Landschaft! Dort, wo die Bebauung endet, ist nichts mehr außer Sand und ausgewaschenen Böden. Hin und wieder strahlt eine violette Distel aus den kargen, vertrockneten Wiesen heraus. Und die Windmühlen ohne Segel stehen still. Es gibt nichts mehr für sie zu tun.

Hier oben in Portela muss nun die Entscheidung fallen, ob wir uns weitere Strapazen auf dem Mountainbike antun wollen, denn ein Weiterfahren bedeutet Hügel runter, Hügel rauf, Hügel runter … immerzu der stechenden Sonne ausgesetzt. Als Alternative lockt das

Fischrestaurant in Calheta mit anschließender Siesta am anderen Ende des langen goldenen Sandstrands.

Oktopus mit Bohnen nach brasilianischer Art und ein leichter Weißwein geben uns nachträglich Recht, die bessere Wahl getroffen zu haben. Es ist ein wunderbarer Ort um einen heißen Sonntagnachmittag zu vertrödeln, ruhig, schattig, den Blick aufs Meer und eine kleine vorgelagerte Insel gerichtet.

Die Fahrräder geben wir am frühen Abend zurück und die Abendfähre bringt uns über einen immer noch ganz stillen Atlantik zurück nach Funchal auf Madeira.

Nachwort

Sechs Jahre sind seit unserer persönlichen Entdeckung der Insel Madeira in den Weiten des Atlantiks vergangen. Sechs Jahre, die wunderbare, neue Erfahrungen und auch nicht immer angenehme Überraschungen für uns bereithielten. Doch an jedem einzelnen Tag, den wir auf dieser Insel verbrachten, spürten wir, dass uns Madeira besser gefällt als jeder andere Ort dieser Welt und, dass wir uns hier zu Hause fühlen.

Inhalt

Die Wanderungen – *as caminhadas*

Rundwanderung:
Levada Nova – Caminho Real do Paúl do Mar   15

Levadawanderung:
Levada do Risco   19

Wanderung:
Ponta de São Lourenço   22

Levadawanderung:
Levada do Paúl   78

Levadawanderung:
Levada Nova – Levada Moinho   100

Wanderung:
Levada do Caldeirão Verde   127

Rundwanderung:
Levada do Furado – Feiteiras de Baixo   165

Rundwanderung durch den alten Lorbeerwald:
Fanal – Fio   176

Levadawanderung:
Levada do Alecrim – Lagoa do Vento   179

Inselüberquerung:
Porto Moniz – Machico   181